Gertrud Mayr

Weihnachtskrippen
in Münster

Weihnachtskrippen in Münster
Herausgegeben von der Landesgemeinschaft der Krippenfreunde
in Rheinland und Westfalen
Dr. Thomas Ostendorf

Umschlag vorn: Könige aus St. Clemens Hiltrup
Umschlag hinten: Gloriaengelchen aus Heilig Kreuz
Seite 4: Verkündigungsengel aus Heilig Geist

Die Kartenausschnitte wurden vervielfältigt mit Genehmigung des
Vermessungs- und Katasteramtes der Stadt Münster vom
04.09.2008; Kontrollnummer 6222.92.08.

Gestaltung und Satz: Alexandra Engelberts
Lektorat: Dr. Magdalene Saal und Daniela Elpers
Gesamtherstellung: dialogverlag Münster
Druck: Rießelmann, Lohne

Bibliografische Information Der Deutschen Bibliothek
Die Deutsche Bibliothek verzeichnet diese Publikation in der
Deutschen Nationalbibliografie;detaillierte bibliografische Daten
sind im Internet über http://dnb.ddb.de abrufbar.

ISBN 978-3-937961-98-9

1. Auflage 2009
© 2009 by dialogverlag Münster

Fotos, Gestaltung und Druck wurden gefördert durch

Gertrud Mayr

Weihnachtskrippen in Münster

Fotos von
Sabine Ahlbrand-Dornseif

Inhalt

42 Ausgewählte Krippen

Die Autorin dankt allen Personen, die sie bei der Erforschung der Münsteraner Krippen, der Durchführung der Krippenwanderungen und bei dieser Veröffentlichung unterstützt haben. Sie widmet ihr Buch den vielen engagierten Krippenfreunden und Krippenbauern in den Kirchen und Kapellen der Stadt.

Zum Geleit

Glanz strahlt von der Krippe auf,
neues Licht entströmt der Nacht.
Nun obsiegt kein Dunkel mehr,
und der Glaube trägt das Licht.
Ambrosius von Mailand

Das Licht, das von der Krippe aufstrahlt, ruft die Hirten auf den Weg. Es will auch uns zum Aufbruch ermuntern – dem Licht Christi entgegen. Krippendarstellungen können uns helfen, das Geheimnis des Weihnachtsfestes zu erschließen. Der Stern von Betlehem erhellt auch heute manche dunkle Nacht. Das Lukasevangelium lädt uns ein, uns auf den Krippenweg zu machen. „Es geschah in jenen Tagen" (vgl. Lk 2,1). Mit diesen feierlichen Worten lenkt der Evangelist unseren Blick auf das Ereignis der Geburt Jesu. Zugleich verdeutlicht Lukas mit dieser feierlichen Einleitung: Das, was geschieht, hat über den Tag hinaus Bedeutung. Es sprengt sogar den Horizont unserer irdischen Welt.

Was bleibt vom Geschehen in Betlehem vor mehr als 2000 Jahren? Es bleibt die Erinnerung. Das Weihnachtsfest hält die Erinnerung wach an die Geburt Jesu. In allen Kirchen wird das Evangelium von der Geburt Jesu verkündet. Uns bleibt die Erinnerung, und uns bleiben die Bilder. Durch alle Zeiten hindurch haben Künstler das Geschehen der Heiligen Nacht dargestellt. Auch wir bauen in unseren Kirchen und in unseren Häusern Krippen auf, die an die Geburt Jesu erinnern.

Das Kind, das in Betlehem geboren wurde, ist der ewige Sohn Gottes, der vor aller Schöpfung ist, in dem alles erschaffen wurde, durch den alles Bestand hat (vgl. Kol 1,15-17).

Die Geburt Jesu hat Bedeutung für alle Menschen. Der Sohn Gottes ist unser aller Bruder geworden. Das ehrt jeden Menschen. Das mahnt uns, jeden Menschen in seiner Würde zu achten und ihn in Ehren zu halten.

Weihnachten feiert die Liebe ihr Fest, weil Gott uns seinen Sohn schenkt. Darum ist Weihnachten das Fest der Liebe Gottes. Mit den Hirten und Königen beten wir den menschgewordenen Sohn Gottes an. Die Liebe Gottes, die wir empfangen haben, drängt uns, sie weiterzugeben an unsere Mitmenschen. Seit der Menschwerdung des Sohnes Gottes gilt: Hinter jedem menschlichen Gesicht verbirgt und enthüllt sich das Gesicht Gottes.

In Jesus Christus ist die Güte und Menschenfreundlichkeit Gottes erschienen. Die Freude darüber lässt uns mitwirken an einer Welt, in der Güte und Menschenfreundlichkeit das Zusammenleben der Menschen bestimmen.

Gottes Sohn kommt in einer Notunterkunft zur Welt. Deshalb denken wir an Weihnachten an die vielen Menschen, die durch Krieg, Verfolgung, Hunger und Unterdrückung an Leib und Leben bedroht sind, die ohne Heimat sind. Jesus ist als Mensch Bruder aller Menschen geworden, gleich welcher Hautfarbe und Rasse.

Krippendarstellungen laden uns ein, gläubig unser Herz für den menschgewordenen Sohn Gottes zu öffnen. Christus möge durch den Glauben in unseren Herzen wohnen, wie der Apostel Paulus es den Christen in Ephesus wünscht (vgl. Eph 3,17). Jesus Christus, unser Bruder, der Bruder aller Menschen, verbindet uns in einer neuen Solidarität.

Weihnachten als Fest der ganzen Schöpfung lässt niemanden unbeteiligt. Im Verhalten der Hirten können wir fünf Etappen auf ihrem Weg zur Krippe erkennen: Sie hören die Frohe Botschaft. Sie machen sich auf, um zu Jesus zu gehen. Sie schauen ihn und beten ihn an. Sie erzählen von ihm. Sie loben Gott. Dieses anregende Buch lädt dazu ein, wie die Hirten zur Krippe zu gehen. Allen, die sich in Gedanken oder mit den Füßen aufmachen, wünsche ich ein vertieftes Begreifen des unfassbaren Geheimnisses der Menschwerdung Gottes. Gott ist unser Heil. Gott ist mit uns.

Bischof em. Dr. Reinhard Lettmann

Vorwort

In der Weihnachtszeit sieht man in Münster vor allem an den Sonn- und Feiertagen Familien mit Kindern, aber auch Erwachsene in kleinen Gruppen von Kirche zu Kirche ziehen. Es geht ihnen um die Kirchenkrippen: sie zu betrachten, sich an ihnen zu erfreuen, Kindheitserlebnisse zu prägen oder aufzufrischen. Solche Krippengänge haben in Münster und im Münsterland eine über die letzten Jahrhunderte währende Tradition.

Auch die Münsteranerin Gertrud Mayr pflegt das „Krippkes Kieken", mehr noch weckt sie in der Öffentlichkeit das Interesse daran – sie bietet jedermann an, sie auf den Krippenwanderungen unter ihrer Führung zu begleiten. Das Angebot wird begeistert wahrgenommen, dies nicht zuletzt deshalb, weil keiner sonst so kundig von den Kirchenkrippen zu berichten weiß wie Gertrud Mayr. Länger als ein Jahrzehnt hat sie ihre Kenntnisse erarbeitet, hat in Pfarrarchiven geforscht, in Kirchengemeinden recherchiert und sich mit der Geschichte und dem Kulturwandel von Krippen vertraut gemacht. Gertrud Mayr wurde so zur profundesten Kennerin der münsterschen Kirchenkrippen.

Weil nicht jeder Interessent an Gertrud Mayrs Krippenwanderungen teilnehmen kann, gibt sie uns nun ein Buch an die Hand, in dem sie ausgewählte Kirchenkrippen vorstellt und zu Krippengängen kombiniert. So kann sich ein jeder nach eigenem Zeitplan im Familien- oder Freundeskreis auf den Weg machen und dabei auf die reichhaltigen Informationen Gertrud Mayrs zurückgreifen. Dank ihrer akribischen Erarbeitung der jeweiligen Krippengeschichte und der ansprechenden, liebevollen Darstellungen stellt das Buch eine Bereicherung nicht nur für alle diejenigen dar, die Freude an den Krippen finden, sondern auch für die Kirchengemeinden, die jetzt endlich alles Wesentliche über ihre Kirchenkrippe nachlesen können.

Der Landesgemeinschaft der Krippenfreunde in Rheinland und Westfalen, einer seit 1925 landesweit tätigen Vereinigung, ist es ein Anliegen, diese wertvolle Publikation von Gertrud Mayr förderlich zu begleiten. Die Krippenfreunde wissen sich mit Gertrud Mayr in hoher Anerkennung ihrer Leistung eng verbunden. Sie danken zudem der Fotografin Sabine Ahlbrand-Dornseif für die einfühlsame Bebilderung und dem münsterschen Dialog-Verlag für die gute Ausstattung und Drucklegung des Bandes. Letztere wäre ohne die finanzielle

Unterstützung durch die LWL-Kulturabteilung, die Kulturstiftung der Provinzial-Versicherung und die Sparkasse Münsterland Ost nicht möglich gewesen. Allen drei Institutionen sei vorzüglich dafür gedankt!

Nehmen wir das Buch in die Hand. Machen wir uns auf den Weg. Lassen wir uns Freude schenken!

Thomas Ostendorf
Vorsitzender der Landesgemeinschaft der Krippenfreunde
in Rheinland und Westfalen e.V.

Verkündigungsengel aus
St. Pantaleon Roxel

Einführung
Zur Entstehung der Weihnachtskrippe

Seit Jahrhunderten üben Weihnachtskrippen eine besondere Faszination auf den Betrachter aus. Im Gegensatz zu Bildern und Reliefs mit Darstellungen der Geburt Jesu handelt es sich bei einer Krippe um ein Ensemble aus vollplastischen, frei aufstellbaren Figuren, die zur Weihnachtszeit in einer der Natur nachempfundenen Landschaft aufgebaut werden und im Idealfall dem Zuschauer das Gefühl geben, dem heiligen Geschehen unmittelbar beizuwohnen, ja selbst ein Teil davon zu sein. Die Vergegenwärtigung der Geburt Jesu durch eine Krippe erleichtert vielen Gläubigen die Verinnerlichung der überlieferten Textinhalte und die meditative Versenkung in das Wunder des Weihnachtsfestes, die Menschwerdung Gottes.

Das Wort „Krippe", im Althochdeutschen „krippa", bedeutete ursprünglich im weitesten Sinne ein Flechtwerk, auch einen geflochtenen Futtertrog, und umfasste danach ebenfalls hölzerne und steinerne Futtertröge. Die Bezeichnung für die Krippe, in der der Jesusknabe lag, ging dann auf den umgebenden Raum über, die Geburtsgrotte in Betlehem. Seit dem 16. Jahrhundert bezeichnet „Krippe" die vielfigurigen theaterartig aufgebauten Szenarien, die die Geburt des Gotteskindes anschaulich vergegenwärtigen.

FRÜHE DARSTELLUNGEN DER CHRISTGEBURT
UND DER BEGINN DES WEIHNACHTSKULTES

Die ersten Bilder von der Geburt Christi entstanden zu Beginn des 3. Jahrhunderts, als man sich allmählich über das im Judentum und sicher auch im frühen Christentum geltende Bilderverbot zunächst im privaten Bereich der Begräbniskultur hinwegsetzte. In der Priscilla-Katakombe in Rom und auch auf frühchristlichen Steinsarkophagen sind das Kind in der Krippe mit Ochs und Esel sowie Maria und die Magier mit dem Stern dargestellt. Zuweilen steht ein Prophet als Verkünder der Geburt des Messias oder auch ein Hirte als Vertreter der auf die Erlösung harrenden Menschheit an der Krippe; erst im 5. Jahrhundert wird dann auch Josef dargestellt.

Ebenfalls seit dem 3. Jahrhundert wurde die Geburt Jesu zugleich mit der Anbetung der Sterndeuter am 6. Januar als Fest der Erscheinung des Herrn gefeiert, und zwar zuerst in Ägypten, wo dieses Fest an die Stelle eines Lichtfes-
tes zu Ehren der Göttin Isis und ihres jungfräulich empfangenen Sohnes Aion
trat. An diesem Tag feiern die orthodoxen Christen auch heute noch ihr Weihnachtsfest. In Rom wurde das Fest der Geburt Jesu zur Zeit Kaiser Konstantins
auf den 25. Dezember verlegt, den römischen Staatsfeiertag des „Sol invictus",
des unbesiegbaren Sonnengottes. Der erste Weihnachtsgottesdienst ist für das
Jahr 333 belegt. Ein römischer liturgischer Kalender verzeichnet 336 erstmals
den 25. Dezember als Tag der Geburt Christi. Das christliche Weihnachtsfest trat
also an die Stelle eines antiken Sonnenkultes: Christus war die neue Sonne, das
Licht der Welt. *„Die Menschwerdung des Schöpfers geschah zu passender Zeit:
Der Schöpfer der Sonne kam am Geburtsfest der Sonne zur Welt"*, wie es der Kir-
chenlehrer Augustinus formulierte.

Bereits im 3. Jahrhundert berichten einige Kirchenväter in ihren Schriften,
dass Pilger die heiligen Stätten in Palästina besuchten, darunter auch die Ge-
burtshöhle in Betlehem. Kaiser Konstantin ließ um 330 an dieser Stelle die
Geburtskirche bauen, und Konstantins Mutter Helena stiftete eine silberne
Krippe für die als Krypta ausgebaute Geburtsgrotte. Helena brachte auch eine
Reliquie von der Krippe des Jesuskindes mit nach Rom, wo sie in der Basilika
Liberiana aufbewahrt wurde, die der Papst Liberius für den Weihnachtskult
hatte erbauen lassen und in der er im Jahre 354 die erste überlieferte Weih-
nachtspredigt hielt. Um 420 wurde an der Stelle dieser Kirche Santa Maria
Maggiore errichtet, in der noch heute fünf Bretter von der angeblichen Krippe
aus Betlehem in einer Fassung des frühen 19. Jahrhunderts aus Kristall und
Silber gezeigt werden.

VORLÄUFER DER WEIHNACHTSKRIPPE

Neben dieser Krippenreliquie ist in Santa Maria Maggiore auch die älteste aus
einzelnen vollplastischen Figuren bestehende Darstellung der Geburt Jesu,
eine Anbetung der Könige, erhalten. Die prächtigen Marmorskulpturen – die
Propheten David und Jesaja, Josef und die Heiligen Drei Könige sowie die
Köpfe von Ochs und Esel, die aus einer Nische schauen, – wurden um 1289
von dem toskanischen Bildhauer Arnolfo di Cambio geschaffen; die dazu ge-
hörige Figur der Maria mit dem Jesuskind wurde allerdings im 16. Jahrhundert
ersetzt.

Auch in anderen Kirchen Italiens gibt es bis heute vollplastische, frei aufstell-
bare Figuren aus Stein, Holz oder Terracotta, mit denen die Verkündigung, die
Geburt Jesu oder die Anbetung der Könige das ganze Jahr über meist in einer
eigenen Kapelle dargestellt werden. Im Augsburger Dom befindet sich eine
dreiviertel lebensgroße, holzgeschnitzte und gefasste Anbetung der Könige aus
dem 16. Jahrhundert, die ganzjährig in einer vergitterten Nische des Chorumgangs steht, die zur Weihnachtszeit geöffnet ist. Solche Rekonstruktionen der
Geburt Jesu entstanden aus dem Wunsch heraus, das heilige Geschehen dem
Betrachter anschaulich nahe zu bringen und seine Frömmigkeit unmittelbar
anzusprechen. Da sie jedoch ständige Bestandteile der Ausstattung des Kir-
chenraumes waren, werden sie trotz ihrer äußeren Ähnlichkeit noch nicht als
Weihnachtskrippen bezeichnet.

Im Umfeld der Klöster, vor allem der Nonnenklöster, entstanden Jesuskind-
figuren, die als „Trösterlein" oder „himmlischer Bräutigam" der persönlichen
Andacht und mystischen Versenkung der Nonnen dienten, aber auch in etwas
größerer Form in den Klosterkirchen und in Stadtkirchen aufgestellt wurden.
Man unterscheidet „Bornkinder", stehende Jesusknaben mit Segensgestus, und
„Fatschenkinder", liegende Wickelkinder, die häufig in einem Glaskasten aufbewahrt wurden. Die Dominikanerin Margareta Ebner aus dem Kloster Maria
Medingen (in der Nähe von Dillingen) berichtet 1344 in einem Brief an ihren
geistlichen Berater Heinrich von Nördlingen von einem ihr aus Wien geschenk-
ten Jesuskind in einer Wiege, mit dem sie sich unterhält und das sie in mys-
tisch-visionärer Andacht liebkost.

Vielerorts entwickelte sich in Klöstern und Kirchen der Brauch des Kindlein-
wiegens; am Weihnachtsfest wurde eine Jesuskindfigur in eine besondere Wiege gelegt, die zum Gesang der Gemeinde bewegt wurde. Zwei derartige Jesus-
kindwiegen aus dem 14. Jahrhundert besitzt das Schnütgenmuseum in Köln;
im Münsteraner Stadtmuseum wird in der Weihnachtszeit eine Jesuskindwiege
von 1630 gezeigt, die um 1900 im Armenhaus Elisabet zur Aa als „Johannes-
wiege" in Gebrauch war und mit einer kleinen Wachsfigur darin am Namens-
fest der heiligen Elisabet (19. November) von den Kindern gegen ein gerin-
ges Entgelt geschaukelt werden konnte.

Eine weitere Vorstufe der Weihnachtskrippe sind die spätgotischen Schnitz-
altäre mit Szenen aus der Kindheitsgeschichte Jesu wie zum Beispiel in St. Nicolai Kalkar der Marienaltar (1506-1508), aus dem eine kolorierte Gipskopie
der Christgeburt (1896) in St. Servatii Münster zur Weihnachtszeit statt einer
Krippe aufgestellt wird, oder auch die spätgotischen Krippenaltäre, die vor
allem im Alpenraum sehr verbreitet waren. Ein solcher Altar mit einer Dreikönigsdarstellung (Tirol, um 1480) schmückt seit 1998 den Chor in St. Ludgeri
Münster. Hier stehen die Figuren bereits auf einzelnen Sockeln wie später die
Figuren in einer Krippe. Der Dreikönigsaltar von Johann Brabender (vor 1546)
in der nördlichen Kapelle des Chorumgangs des St.-Paulus-Doms ist ein schönes Beispiel für eine Münsteraner Sandsteinarbeit mit gleicher Thematik aus
der Zeit der Renaissance.

linke Seite:
Dreikönigsaltar in
St. Ludgeri

rechte Seite:
Dreikönigsaltar im Dom

Johann Brabender hat auch für die Astronomische Uhr im Dom die Figuren der
Drei Könige und ihrer Begleiter geschnitzt (1542), die, mit Stoffen bekleidet,
auf einem Balkon über dem Zifferblatt jeden Mittag um 12 Uhr an Maria mit
dem Jesuskind auf dem Schoß vorbeiziehen und sich vor ihnen verneigen.
Diese Figuren erinnern vor allem auch durch ihre Stoffgewänder bereits sehr
an Krippenfiguren.

FRÜHE WEIHNACHTSKRIPPEN

Im Laufe des 16. Jahrhunderts entstanden dann auch die ersten Weihnachtskrippen. Ihre eher kleinformatigen Figuren waren schon beweglich und bekleidet und wurden entsprechend dem Ablauf der Weihnachtszeit zu unterschiedlichen Themen wie auf einer Bühne aufgebaut, weshalb Rudolf Berliner in seinem Standardwerk „Die Weihnachtskrippe" (1955) dafür den Ausdruck „gefro-
renes Theater" prägte. Als mögliche Szenen gestalteten die Krippenbauer verschiedene Ereignisse aus der Kindheitsgeschichte Jesu: die Verkündigung an
Maria, den Gang zu Elisabet, die Herbergssuche, die Anbetung der Hirten, die
Huldigung der Könige, die Flucht nach Ägypten und die Darstellung im Tempel. Diese und noch weitere Bilder können auch heute noch aufgebaut werden;
das schönste Beispiel in Münster mit wöchentlich wechselnden Bildern bietet
die Wandelkrippe in St. Nikolaus Wolbeck (S. 130). In den meisten Kirchen
beschränkt man sich beim Krippenbau allerdings auf die Anbetung der Hirten
und die Huldigung der Könige. Vor allem in den Alpenländern kann man in
Klöstern und Kirchen auch Passions- oder Osterkrippen finden und sogar
Jahreskrippen, in denen nacheinander die Ereignisse des ganzen Kirchenjahres
dargestellt werden.

Dass der heilige Franz von Assisi die Krippe erfunden haben soll, ist eine
Legende. Die weihnachtliche Eucharistiefeier, die 1223 im nächtlichen Wald
von Greccio über einer mit Heu gefüllten Futterkrippe und mit einem lebendi-
gen Ochsen und Esel stattfand, sollte über die sinnliche Wahrnehmung das
Gefühl der Anwesenden ansprechen und sie die Not des zur Welt gekommenen
Gotteskindes nachempfinden lassen; das Ganze war aber eher ein liturgisches
Spiel. Ein Jesuskind oder andere Figuren waren nicht vorhanden, Jesus war auf
mystische Weise im Altarssakrament gegenwärtig.

Obwohl die Krippenfrömmigkeit besonders durch die Franziskaner gefördert
geworden ist, sind die frühesten Belege für Weihnachtskrippen durch die Jesuiten überliefert worden, die ihre Kollegschüler im Rahmen der religiösen Bil-
dung nicht nur durch die szenische Aufführung von Weihnachtsspielen, son-

dern auch durch den Krippenbau zu einem intensiven Erleben der Weihnachts-
botschaft führen wollten. Vielfache Zeugnisse für den jesuitischen Krippenbau finden sich in den jährlichen Berichten der Klöster an die Ordensleitung
in Rom, so zum Beispiel für Coimbra/Portugal (1560), Prag (1563), Altötting
(1601) und München (1607; sechs Bilder).

Zur selben Zeit wie bei den Jesuiten hat es nach den Quellen auch schon
Krippen in Adelshäusern gegeben. In einem Inventar der Piccolomini-Burg in
Amalfi (Süditalien) von 1567 werden zwei Truhen der Herzogin Constanza von
Amalfi mit 116 Krippenfiguren aufgeführt. Fast zeitgleich gab es zwischen 1577
und 1584 einen regen Briefwechsel der Wittelsbacher Erzherzogin Maria, die
nach Prag geheiratet hatte, mit ihrem Bruder Herzog Wilhelm V. von Bayern
über die Anfertigung von geschnitzten und bekleideten Krippenfiguren sowie
deren Versendung nach Prag. Aus den Klöstern und Kirchen sowie den
Häusern des hohen und niederen Adels nahmen die Krippen in der folgenden
Zeit ihren Weg in die Bürgerhäuser und Bauernstuben.

Umgang der Heiligen Drei
Könige an der Astronomischen
Uhr im Dom

Figuren und Motive

EVANGELIENTEXTE ZUR GEBURT JESU

Die Darstellung der Geburt Jesu in der bildenden Kunst und damit auch in den Weihnachtskrippen geht vor allem auf die Evangelien von Lukas (2, 1-20) und Matthäus (2, 1-23) zurück. Diese Texte betonen, dass das Jesuskind aus dem Hause Davids stammt und der von den Propheten verheißene Messias und Sohn Gottes ist; sie enthalten aber auch genug biographische Einzelheiten, um anschauliche Bilder von der Geburt Jesu entwerfen zu können, deren Details wiederum eine tiefere symbolische Ausdeutung zulassen und damit ein vertieftes Verständnis des dargestellten Geschehens ermöglichen.

Der Evangelist Lukas, ein gebildeter Grieche, der seinen Text zwischen 80 und 90 n. Chr. verfasst hat, berichtet in seinem ersten Kapitel zunächst von der Verkündigung der Geburt des Täufers und der Verkündigung der Geburt Jesu, vom Besuch Marias bei Elisabet und von der Geburt des Täufers. Die Geburt Jesu schildert er in seinem zweiten Kapitel in vier Szenen: Die Volkszählung führt Josef und Maria nach Betlehem. Über die Geburt selbst wird nur gesagt, dass Maria ihr Kind in Windeln wickelt und in eine Krippe legt, da kein Platz in der Herberge war. Ausführlich beschreibt Lukas, wie der Engel den Hirten auf dem Feld die frohe Botschaft verkündet und wie diese zur Krippe eilen und dort Zeugnis von der Botschaft des Engels ablegen.

Matthäus, der wohl selbst noch Schüler eines Apostels gewesen ist, hat seinen Text ebenfalls zwischen 80 und 90 n. Chr. verfasst, und zwar vor allem für Leser, die mit dem Judentum vertraut waren. Durch den Stammbaum Jesu am Beginn seines Evangeliums belegt er dessen Abstammung von Abraham und David. Über die konkreten Umstände der Geburt Jesu berichtet Matthäus nur, dass Josef dem Kind den Namen Jesus (Jeschua, *hebr.* Retter, Erlöser) gab. Aber sein ausführlicher Bericht von der Reise und der Huldigung der Sterndeuter hat das Bild der Christgeburt und damit auch der Weihnachtskrippe um wichtige Elemente bereichert. Matthäus beschließt die Kindheitsgeschichte Jesu mit einem Bericht über die Flucht nach Ägypten, den Kindermord in Betlehem und die Rückkehr Josefs mit seiner Familie nach Nazaret. Auch diese Ereignisse wurden zu bildnerischen Themen der Kindheit Jesu und damit auch zu möglichen Szenen von umfangreicheren Weihnachtskrippen.

DAS KIND, MARIA UND JOSEF

Mittelpunkt und wichtigste Figur einer jeden Krippe ist das Jesuskind. Es liegt fast immer – als Zeichen seiner Menschlichkeit und Bedürftigkeit – in Windeln gewickelt in einer Futterkrippe oder auf einem Strohlager, zuweilen auch auf dem Schoß Marias oder auf einem Zipfel ihres Mantels. Zum Fest der Erscheinung des Herrn (6. Januar) sitzt oder steht es in manchen Krippen, schon deutlich herangewachsen, auf dem Schoß seiner Mutter und begrüßt als Gottessohn mit einladender oder segnender Geste die Heiligen Drei Könige. Für diese Aufstellung kann es, wie im Dom oder in St. Ludgeri, ein zweites Jesuskind und auch eine zweite Maria geben.

Ist die Figur der Maria farbig gefasst oder mit Stoffen bekleidet, haben die Farben traditionell eine symbolische Bedeutung. Das Weiß des Kleides oder wenigstens des Schleiers deutet bei der Darstellung der Christgeburt auf die jungfräuliche Magd genauso wie die langen offenen Haare. Das rote Kleid erinnert an den Purpur antiker Königsgewänder und verweist zusammen mit dem blauen Mantel auf Marias Stellung als Himmelskönigin.

Heilige Familie aus der Domkrippe

Josef wird meist als jüngerer, selten als älterer Mann dargestellt. Die Farben seiner Kleider sind eher gedeckt, aber bei den Krippen im Nazarenerstil auch mit
Gold abgesetzt. Seine Attribute sind ein Stab, der auf die Wanderschaft hinweist
– er ist mit Maria von Nazaret nach Betlehem gewandert und wird sich bald mit
seiner jungen Familie auf den Weg nach Ägypten begeben – oder eine Laterne
beziehungsweise eine Kerze, mit der er Licht in den Stall bringt. Während
Maria in den meisten Krippen an der Seite ihres Kindes kniet oder auch sitzt,
steht Josef neben oder hinter Mutter und Kind und verkörpert häufig die
beschützende Rolle des Familienvaters.

STALL, HÖHLE ODER RUINE

Die Heilige Familie befindet sich in den meisten Krippen in oder vor einem Stall
oder unter einem Schutzdach. Das entspricht der ältesten Tradition der
Christgeburtsdarstellung im Abendland, die von der römischen Kunst beeinflusst war, genauer von Darstellungen zur Kindheit der sagenhaften Gründer
Roms Romulus und Remus. Der Stall verweist auf die menschliche Armselig-
keit, in die hinein das Gotteskind geboren wird, und er ist zugleich ein vertrau-
tes Element der heimatlichen Landschaft, das zur Vergegenwärtigung des wun-
dersamen Geschehens beiträgt. Wird die Krippe in oder vor einer Höhle oder
Grotte aufgebaut (in St. Marien Sprakel zum Beispiel aus Wurzelknubben gestaltet), erinnert das an Darstellungen der byzantinischen Kunst, in der die
Christgeburt immer in einer Höhle stattfindet. Diese Art entspricht den Gegebenheiten im Heiligen Land, wo die Schafe bei Unwetter in Höhlen geführt werden. Eine solche Höhle befindet sich heute noch als Geburtsgrotte unter der Geburtskirche in Betlehem. Die Höhle symbolisiert das Geheimnis der Jungfrauen-
geburt, und sie ist Sinnbild für die noch unerlöste Menschheit, in die Jesus als
Licht der Welt und Sonne der Gerechtigkeit einkehrt. In der Neapler Krippe und
auf dem Krippenrelief in St. Servatii finden sich statt Stall oder Grotte Ruinen
eines Palastes oder eines Tempels und zerbrochene Säulen. Diese Gebäudereste
sind Hinweise auf den Palast Davids, aus dessen Geschlecht Jesus geboren
wurde, und sie deuten auf das Ende des Alten Testaments sowie den Untergang
der antiken Welt und damit auf den Anbruch einer neuen Zeit.

OCHS UND ESEL

Wie liebevolle Tierammen in antiken Mythen oder in mittelalterlichen Legenden – Romulus und Remus, die Gründer Roms, wurden von einer Wölfin auf-
gezogen; Genovevas Sohn Schmerzensreich wurde von einer Hirschkuh ge-

säugt – stehen oder liegen Ochs und Esel ganz nah bei dem Kind in der Krippe. Obgleich sie von den Evangelisten nicht erwähnt werden, finden sie sich bereits auf den ältesten Christgeburtsdarstellungen im 3. Jahrhundert in römischen Katakomben und auf spätantiken Marmorsarkophagen. Die Anwesenheit dieser beiden Tiere an der Krippe geht zurück auf den Kirchenvater Origines, der sich im 3. Jahrhundert in seiner Auslegung des Weihnachtsevangeliums auf eine Aussage des Propheten Jesaja bezieht, als dieser über den Unglauben Israels klagt: *„Der Ochse kennt seinen Herrn und der Esel die Krippe seines Herrn"* (Jes 1,3). Die Tiere erkennen also in dem Kind ihren Schöpfer und beten es an. Die Übertragung der Jesaja-Worte auf die Geburt Jesu fand ihre Bestätigung in einer nicht offiziellen griechischen Übersetzung des Propheten Habakuk, in der es hieß: *„Zwischen den beiden Tieren wirst du dich offenbaren."*

In verschiedenen Kulten der Antike, in Ägypten, im Hellenismus und im Römischen Reich, spielten der Ochse bzw. Stier und auch der Esel eine wichtige Rolle als Begleiter oder Symbole von Gottheiten und waren daher sehr angesehen. Für die Kirchenväter verkörpert der Ochse das jüdische Volk und der Esel die heidnischen Völker, sodass ihre Anwesenheit an der Krippe die weltweite Anerkennung des Christuskindes bezeugt; zugleich wird auf diese Weise der Anspruch der jungen christlichen Kirche auf Vorrang gegenüber anderen Glaubensgemeinschaften zum Ausdruck gebracht. Diese Deutung vertritt auch im 4. Jahrhundert Gregor von Nazianz, wenn er in Anspielung auf die jüdische Gesetzesreligion und die Fruchtbarkeitsreligionen des Mittelmeerraumes, deren Kulttier der Esel war, sagt: *„Zwischen dem Ochsen, der vor das Gesetz gespannt ist, und dem Esel, der mit der Verfehlung des Götzendienstes beladen ist, liegt der von beiden Lasten befreiende Gottessohn."*

Ochs und Esel aus der Christuskirche Wolbeck

Verkündigungsengel aus St. Lamberti

DIE ENGEL

Wie in der orientalischen und griechisch-römischen Gedankenwelt spielen auch im Alten Testament Götterboten (Bote, *lat.* angelus) eine wichtige Rolle, zum Beispiel in den Geschichten von Adam und Eva, von Abraham, Jakob oder Tobias. Im Lukasevangelium verkündet ein Engel den Hirten die frohe Botschaft von der Geburt des Messias, und ein großes Engelsheer lobt Gott. Matthäus berichtet, wie ein Engel mehrfach Josef erscheint und ihm wichtige Hinweise gibt und wie auch die Sterndeuter im Traum durch einen Engel vor der Rückkehr zu Herodes gewarnt werden. Die Engel sind also Boten Gottes, sie übermitteln Nachrichten an die Menschen und helfen ihnen, ungewöhnliche Ereignisse in ihrem Leben zu verstehen und den rechten Weg zu finden.

In der christlichen Kunst werden die Engel zunächst nur in langem Gewand und flügellos dargestellt, seit dem 4. Jahrhundert dann mit Flügeln. Im späten Mittelalter werden sie immer zierlicher und tragen oft auch Blumen oder Musikinstrumente. Neben diese gotischen Kinderengel treten in der Renaissancezeit die kleinen geflügelten Putten, die ihrerseits auf antike Vorbilder zurückgehen. In den Münsteraner Weihnachtskrippen gibt es alle Arten von Engeln: majestätische Wesen, große und kleine Musikanten, fröhliche Kinderengel und schwebende Putten. Allesamt sind sie himmlische Wesen, und sie bekunden durch ihre Anwesenheit die Göttlichkeit des Kindes.

DIE HIRTEN

Als die Hirten bei ihren Schafen auf dem Feld wachen, verkündet ihnen ein Engel: *„Heute ist euch in der Stadt Davids der Retter geboren; er ist der Messias, der Herr."* Sie, die zu den ärmsten und am wenigsten geachteten Menschen der damaligen Zeit gehörten, kommen als erste zum Jesuskind und berichten Maria und Josef, was der Engel ihnen über das Kind gesagt hat. So werden die Hirten, die zur damaligen Zeit vor Gericht keine Stimme hatten, zu Zeugen und Über- bringern der himmlischen Botschaft. Entsprechend seinem Armutsideal zeigt Lukas dadurch, dass Christus in erster Linie für die Benachteiligten und Unter- drückten geboren worden ist, die ganz besonders auf ihre Erlösung warten.

Während die Huldigung der Sterndeuter bereits im 3. Jahrhundert bildlich dargestellt wird, gibt es die Anbetung der Hirten in der bildenden Kunst erst seit dem 14. Jahrhundert; und zwar entstand dieses Motiv, ohne im Lukas-Evan- gelium direkt vorgezeichnet zu sein, unter dem Einfluss der franziskanischen Frömmigkeit. Die Hirten werden häufig als drei Männer unterschiedlichen Alters dargestellt: als Greis, als Mann und als Jüngling. Dieses Schema, biswei- len ergänzt durch einen Hirtenknaben, übernehmen die Weihnachtskrippen, wobei es in figurenreichen Krippen wie in St. Martini mehr Hirten gibt und oft auch Frauen und Kinder.

....

Hirte aus der Liebfrauenkrippe

Mit den Hirten kommen die Schafe zur Krippe, häufig auch ein Hund und zuweilen sogar eine Ziege. Zusammen mit Ochs und Esel verstärken gerade die Schafe den anheimelnden Charakter einer Krippenlandschaft. Ein liegendes, vielleicht sogar gebundenes Lamm an der Krippe verweist jedoch auch symbolhaft auf die spätere Rolle Jesu als das „Opferlamm Gottes", das durch seinen Tod die Menschen erlöst. Ein Hirtenfeuer, ein Brunnen, ein Bach oder ein Teich ergänzen in vielen Krippen das Hirtenfeld.

MAGIER ODER KÖNIGE

Matthäus berichtet in seinem Evangelium, dass Sterndeuter aus dem Morgenland gekommen waren, um dem Jesuskind als neugeborenem König der Juden zu huldigen und ihm ihre Geschenke zu überreichen. In der griechischen Übersetzung heißen diese Männer „magoi"; das waren sternkundige Mitglieder einer persischen Priesterkaste und darüber hinaus allgemein babylonische und sonstige Astrologen, die die Zukunft aus den Sternen lesen konnten und Einfluss auf politische und persönliche Entscheidungen nahmen.

In den Schriften der Kirchenväter gelten die Sterndeuter als die ersten Vertreter der Heiden, denen Gott sich offenbart hat und die das Kind als Sohn Gottes verehren. Die Hirten vertreten dagegen das jüdische Volk, sodass mit der Huldigung der Könige, die am Fest der Erscheinung des Herrn (6. Januar) gefeiert wird, die weltweite Herrschaft des Gottessohnes offenbar wird. Bei Augustinus heißt es: *„Er offenbarte sich denen, die nahe und denen, die fern waren: den Juden in den nahen Hirten, den Heiden in den fernen [aus der Ferne gekommenen] Weisen."*

Schon im 3. Jahrhundert haben die Kirchenväter die Sterndeuter des Matthäus-Evangeliums mit Königen gleichgesetzt, von denen im Alten Testament geschrieben steht: *„Völker wandern zu deinem Licht und Könige zu deinem strahlenden Glanz"* (Jes. 60,3) und: *„Die Könige von Tarsis und von den Inseln bringen Geschenke, die Könige von Saba und Seba kommen mit Gaben"* (Ps 72,10). Daher finden sich bereits seit dem 5. Jahrhundert die Könige und auch schon ihre Namen Melchior, Kaspar und Balthasar in verschiedenen schriftlichen Überlieferungen und übernehmen die Rolle der Sterndeuter; in der bildenden Kunst bleiben die Magier jedoch bis zum 10. Jahrhundert präsent und werden erst dann von den Königen abgelöst.

König aus St. Nikolaus Wolbeck

Wie die Hirten werden auch die Könige als Vertreter der verschiedenen Lebensalter des Menschen aufgefasst. Darüber hinaus werden sie seit dem Mittelalter als Vertreter der damals bekannten Erdteile Europa, Afrika und Asien gesehen – auch das ein Hinweis auf die weltweite Herrschaft des Gotteskindes. Der dunkelhäutige König steht dabei traditionell an der zweiten oder dritten Stelle.

Auch die Reihenfolge der Namen variiert immer wieder. Auf dem Mosaik mit der majestätischen Huldigungsszene in San Apollinare Nuovo in Ravenna (um 560) sind die Sterndeuter mit den Namen Caspar, Melchior und Balthasar beschriftet. Der angelsächsische Benediktiner und Geschichtsschreiber Beda Venerabilis spricht um 700 von Melchior, Caspar und Balthasar, wobei er den ersten König als alten Mann mit langem Bart, den zweiten als jung und bartlos und den dritten als dunkelhäutig mit reichem Bartwuchs beschreibt. Im Malerbuch des Berges Athos (18. Jahrhundert mit älteren Überlieferungen) heißt es dann wieder: Caspar, Melchior und Balthasar. Diese Folge ist uns heute vertraut in Form der Initialen, die uns die Sternsinger an die Tür schreiben: „C(hristus) M (ansionem) B (enedicat)" – Gott segne dieses Haus.

Über die Zahl der Magier ist im biblischen Text nichts gesagt, aber da drei Geschenke genannt werden, hat man schon Anfang des 3. Jahrhunderts angenommen, dass es auch drei Magier waren. Es gibt allerdings auch Legenden und Darstellungen mit zwölf, sechs oder vier Magiern beziehungsweise Königen.

Als Geschenke der Sterndeuter nennt Matthäus Gold, Weihrauch und Myrrhe, und sie werden gedeutet als Gaben für Christus als König, als Gott und als Mensch. Gold bedeutet seit alter Zeit Königtum und Weltherrschaft, Weihrauch wird seit der Antike den Göttern geopfert, und Myrrhe, das duftende Harz des Myrrhenstrauches, eines Balsambaumgewächses, wurde in der Antike für medizinische und kosmetische Zwecke und die Totensalbung verwendet, deutet also voraus auf das Leiden und Sterben Christi.

Die Könige mit ihren prächtigen Gewändern und ihren kostbaren Geschenken bringen einen besonderen Glanz in die Weihnachtskrippen. Häufig sind sie begleitet von einem Kamel mit einem Treiber oder auch von weiteren Dienern oder Tieren. Erst mit der Aufstellung der Könige samt Gefolge ist das Krippenbild vollständig.

*Kamel aus der
Mutterhauskirche der
Clemensschwestern*

DER STERN

Matthäus berichtet in seinem Evangelium, wie ein ungewöhnlicher Stern die Magier aus dem Morgenland zum Jesuskind geführt hat. Immer schon haben die Menschen Himmelserscheinungen mit Göttern in Verbindung gebracht. So trug die ägyptische Göttin Isis eine Sternenkrone – wie später Maria als „stella maris" (*lat.* Stern des Meeres) – , und die Göttin Venus galt als Morgen- und Abendstern. In der römischen Kunst bedeutete ein Stern über oder neben dem Haupt eines Herrschers seine Göttlichkeit. Und das Aufgehen eines neuen Sterns war in der Antike – nicht nur im Matthäusevangelium – ein Zeichen für die Geburt eines Herrschers.

Bereits im Alten Testament kündigt der Prophet Bileam die Geburt des Messias ebenfalls mit dem Bild eines aufgehenden Sternes an: *„Ein Stern geht auf in Jakobs Haus, ein König steigt empor in Israel"* (4. Mos 24, 17). Daher erscheint schon auf den frühesten Abbildungen der Christgeburt in der Priscilla-Katakombe in Rom (230-250) und in den Huldigungsszenen der Magier auf frühchristlichen Sarkophagen ein Stern als Symbol für die Geburt des Messias. Und so finden wir den Stern auch heute noch über vielen Weihnachtskrippen. Wie der Engel den Hirten, so verkündet der Stern den Magiern die Geburt des Messias. Beide – Stern und Engel – sind himmlische Erscheinungen, die den Menschen göttliches Geschehen offenbaren und himmlische Weisungen kundtun.

Stern aus St. Antonius

DER PROPHET

Wenn es in einer Krippe einen Propheten gibt wie in St. Antonius oder St. Nikolaus Wolbeck, so ist damit Jesaja gemeint. Als Symbol hält er eine Schriftrolle, die auf seine Messias-Prophetien hindeutet. Seine Weissagungen galten ursprünglich einem Messias, der das Volk Israel zur Zeit des Jesaja vor der assyrischen Übermacht retten sollte, wurden dann aber von der judenchristlichen Urgemeinde umgedeutet und auf die Geburt Jesu bezogen: *„Das Volk, das im Dunkel lebt, sieht ein helles Licht; über denen, die im Land der Finsternis wohnen, strahlt ein Licht auf [...] Denn uns ist ein Kind geboren, ein Sohn ist uns geschenkt. Die Herrschaft liegt auf seiner Schulter; man nennt ihn: Wunderbarer Ratgeber, Starker Gott, Vater in Ewigkeit, Fürst des Friedens. Seine Herrschaft ist groß, und der Friede hat kein Ende. Auf dem Thron Davids herrscht er über sein Reich; er festigt und stützt es durch Recht und Gerechtigkeit, jetzt und für alle Zeiten [...]"* (Jes 9,1-6). Diese Worte des Jesaja haben schon sehr früh Eingang in die Advents- und Weihnachtsliturgie gefunden und sind uns als alttestamentliche Ankündigung der Geburt Jesu vertraut.

Der Prophet Jesaja aus St. Antonius

Zur Geschichte und zum Brauchtum der Krippen in Münster

WEIHNACHTSKRIPPEN VOR 1900

Im Jahre 1610, als die Jesuiten in Paderborn von einer Krippe in ihrem Kolleg berichten, schreiben auch die Münsteraner Jesuiten von einem „großen Zulauf aus den Dörfern" zum Weihnachtsfest, dessen Ziel möglicherweise ebenfalls eine Krippe war. Ausdrücklich bezeugt ist eine Krippe bei den Jesuiten in Münster nach bisheriger Kenntnis allerdings erst für das Jahr 1677, während es für das Stiftskolleg St. Mauritz, in dem auch Lateinschüler unterrichtet wurden, bereits für 1636 einen ersten Beleg für eine Weihnachtskrippe gibt. Auch für das weitere 17. sowie für das 18. und 19. Jahrhundert ist das Krippenbrauchtum in St. Mauritz häufig belegt, wohingegen für die Kirchen und Klöster der Innenstadt – das Jesuitenkolleg ausgenommen – Weihnachtskrippen bisher erst seit Beginn des 19. Jahrhunderts archivalisch nachgewiesen sind.

Aus dem 19. Jahrhundert stammen auch die ältesten in Münster erhaltenen Weihnachtskrippen, deren Zahl im Vergleich zu anderen Städten des nordwestdeutschen Raumes, zum Beispiel Köln, Bonn oder Osnabrück, erstaunlich groß ist. Am frühesten zu datieren sind die kleinen Figuren aus der ehemaligen Krippe von St. Sebastian Nienberge, die im „Führer durch das Landesmuseum der Provinz Westfalen" (1. Auflage 1913 und spätere Auflagen) aufgeführt sind; sie befinden sich auch heute noch im Magazin des LWL-Landesmuseums für Kunst und Kulturgeschichte. Wie auf Abbildungen zu dem Aufsatz „Westfälische Weihnachtskrippen" (in: Die Heimat, Heft 12, 1925, S. 408-410) von F. Rudolf Uebe zu erkennen ist, sind die Köpfe und Hände dieser Figuren aus Wachs gefertigt und die Trachten dem Rokoko und dem Biedermeier verpflichtet. Ähnliche Krippenfiguren wie in Nienberge wurden im 18. und 19. Jahrhundert in den Dörfern und Städten des Münsterlandes aufgebaut. Eine Krippe aus der Zeit um 1760 aus der Pfarrkirche Drensteinfurt, ein Geschenk des Freiherrn von Landsberg an das Landesmuseum in Münster, ist in das LWL-Freilichtmuseum Detmold gelangt und wurde dort restauriert; zu sehen ist sie allerdings nur zu besonderen Anlässen wie dem Museumsadvent Anfang Dezember.

Eine besonders schöne, umfangreiche Wachskrippe ist auf Schloss Lembeck erhalten. Die wohl eher etwas jüngeren Figuren sind kunstvoll gearbeitet, mit Rokoko- und Biedermeierkostümen bekleidet und sehr gut erhalten. Sie werden außerhalb der Weihnachtszeit im Schlossmuseum gezeigt. Die restaurierte Wachskrippe der Jesuiten in Münster (um 1820) ist ganzjährig im Krippenmuseum Telgte zu sehen. Neben diesen so genannten Wachsfigurenkrippen gab es im Münsterland und auch in Münster Krippenkästen, in denen im Rokokostil gekleidete Wachsfiguren hinter einer Glasscheibe zu einem feststehenden Ensemble zusammengefügt sind. Einer der schönsten erhaltenen Krippenkästen aus dem 18. Jahrhundert kommt aus der barocken Franziskanerkirche in Zwillbrock nahe der niederländischen Grenze und befindet sich seit 1995 im Hamaland-Museum Vreden.

Diese frühen, sehr empfindlichen Krippenfiguren wurden um die Mitte des 19. Jahrhunderts im Raum Warendorf durch Holzgliederfiguren abgelöst, deren Köpfe und Gliedmaßen geschnitzt und bemalt sind und deren Körper mit Scharnier- und Drehgelenken versehen sind, die – unter der Kleidung verborgen – eine große Beweglichkeit der Figuren bei der Aufstellung ermöglichen. Ein frühes Beispiel für diesen Typus findet sich seit 1959 in der Mutterhauskirche der Clemensschwestern (S. 66), ein etwas späteres in der Krippe des Clemenshospitals, die mit einem erweiterten Figurenbestand die Tradition der vor dem Zweiten Weltkrieg berühmten Krippe der Clemenskirche fortsetzt (S. 88).

*Rokokokrippe
aus St. Regina
Drensteinfurt*

Seit der zweiten Hälfte des 19. Jahrhunderts gelangten auch die sehr beliebten und verbreiteten Wachskrippen der Schwestern vom armen Kinde Jesu in Aachen nach Münster. Köpfe und Gliedmaßen der dem nazarenischen Stil entsprechenden Figuren sind mit Hilfe von Modeln in Wachs gegossen, bemalt und mit einem starren Lattengestell verbunden; die Gewänder bestehen bei den älteren Figuren ursprünglich aus kaschierter, d. h. mit Kalk- oder Leimwasser versteifter Leinwand, bei den jüngeren aus losen Stoffen (St. Ludgeri, S. 46; St. Mauritz, S. 120; Raphaelsklinik; Mutterhauskirche der Franziskanerinnen).

Kurz nach den ersten Aachener Krippen wurden in Münster auch voll geschnitzte, farbig gefasste Krippenfiguren im Stil der Nazarener aufgestellt. Solche Krippen sind in unterschiedlicher Ausführung in St. Martini (S. 54) und St. Anna Mecklenbeck erhalten; von der ebenfalls ins letzte Viertel des 19. Jahrhunderts zu datierenden Krippe in St. Lamberti (S. 50) ist lediglich der Verkündigungsengel bei der heutigen Krippe verblieben; die übrigen Figuren wurden der Gemeinde St. Marien in Wangerland Schillich (bei Wilhelmshaven) geschenkt, wo sie seit 1985 aufgebaut werden.

Des Weiteren zählt zu den Krippen des 19. Jahrhunderts im heutigen Stadtgebiet eine Serienkrippe aus Oberammergau, die – allerdings restaurierungsbedürftig – glücklicherweise in St. Panthaleon Roxel aufbewahrt worden ist, nachdem kurz nach 1900 für die neu gebaute Kirche eine größere Krippe – ebenfalls aus Oberammergau – gekauft worden war (S. 99). Ende des 19. Jahrhunderts begann dann auch in Münster die Verbreitung der preiswerteren Gips- und Tonkrippen. Als Beispiele seien die Krippen im Kapuzinerkloster, in St. Elisabet, St. Mariä Himmelfahrt Dyckburg und St. Marien Sprakel (S. 115) genannt.

DIE KRIPPENBEWEGUNG IN DER ERSTEN HÄLFTE DES 20. JAHRHUNDERTS

Das traditionelle Krippenbrauchtum in Münster erhielt seit den 1920er Jahren eine neue Belebung durch Impulse, die einerseits von der Gründung der Landesgemeinschaft der Krippenfreunde in Rheinland und Westfalen (1925) beziehungsweise schon von deren Vorläufern und den ersten Krippenausstellungen (z.B. in Telgte seit 1934) ausgingen, andererseits aber auch durch die schriftliche Bearbeitung der Tradition in Aufsätzen von F. Rudolf Uebe, Mitarbeiter am Landesmuseum Münster, in der Zeitschrift des Westfälischen Heimatbundes sowie von Pater Siegfried Schneider OFM und anderen Autoren im Jahrbuch der Landesgemeinschaft der Krippenfreunde „Die Weihnachtskrippe" verstärkt wurden.

Spätestens Anfang der 1930er Jahre begannen namhafte Münsteraner Bildhauer wie Franz Guntermann, Heinrich Bäumer und Hans Wehrenberg, Krippenfiguren in einem westfälisch oder heimatlich anmutenden Stil zu schnitzen. Bekleidete Figuren von Guntermann aus den 1920er Jahren besitzt noch die Herz-Jesu-Gemeinde, eine Heilige Familie von ihm wird in St. Sebastian Nienberge aufgebaut. Die 1929 und 1930 erbauten Kirchen Heilig Geist und Christus König (Erpho) erhielten vielfigurige, erzählfreudige Holzkrippen von Wehrenberg und Bäumer.

WEIHNACHTSKRIPPEN NACH DEM ZWEITEN WELTKRIEG

Weitere Holzkrippen von Guntermann (Liebfrauen-Überwasser, S. 62 und Heilig Kreuz, S. 111), Wehrenberg (Heilig Geist, S. 82 und St. Clemens Hiltrup, S. 92), Heinrich Gerhard Bücker, Beckum-Vellern, (St. Antonius, S. 96) und anderen Bildhauern, besonders auch bekleidete Holzfiguren von Gertrud Büscher-Eilert, Horstmar, (St. Ida, S. 138, und andere Kirchen und Kapellen) wurden während und vor allem nach dem Zweiten Weltkrieg in verschiedenen Kirchen neu aufgestellt, bis schließlich auch der Dom im Jahre 1973 eine Lindenholzkrippe der Franziskanerin Schwester Eberhardis Kohlstedt aus Bad

Honnef erwarb (S. 57). Nach bisherigem Kenntnisstand wurde damit erstmals in der Kathedralkirche zu Weihnachten eine Krippe aufgestellt.

Auch von anderen überregional bekannten Krippenkünstlerinnen aus dem Rheinland wurden Weihnachtskrippen angeschafft bzw. übernommen, so von Johanna Lamers-Vordermayer in St. Nikolaus Wolbeck (S. 130) und St. Konrad, von Lita Mertens-Grüter im Katharinenkloster und in Haus Franziska, dem Altenheim der Missionsschwestern in Hiltrup, und von Elisabeth Murhard in St. Mariä Himmelfahrt Dyckburg. Diese Künstlerinnen richteten ihr Augenmerk sowohl auf die Figuren wie auch auf die gesamte künstlerische Gestaltung und Präsentation der Krippe. Die Krippe in St. Nikolaus wurde allerdings zum größten Teil von der Wolbeckerin Gertrud Böckmann gestaltet, die sich von den kunstvollen Krippen und der Arbeitsweise der Johanna Lamers-Vordermayer hatte inspirieren lassen und die über diese die unbekleideten Figuren bezog.

Nach dem Zweiten Weltkrieg wuchs auch in den evangelischen Gemeinden der Wunsch, Weihnachtskrippen aufzustellen. So war bereits um 1950 in der Apostelkirche eine Holzkrippe aus Oberammergau mit der Anbetung der Hirten zu sehen, die um 1960 durch eine Huldigung der Könige ergänzt wurde (S. 77). In den 1950er und 1960er Jahren wurden in den zahlreichen katholischen und evangelischen Kirchenneubauten weitere Krippen aufgestellt, wobei man häufig, dem damaligen Geschmack entsprechend und auch bedingt durch das Angebot in den Geschäften, Holzkrippen aus Oberammergau sowie Keramikkrippen von Johann Fischedick aus Bottrop und Gregor Lerchen aus Höhr-Grenzhausen (Westerwald) den Vorzug gab. Heute gibt es in allen katholischen und fast allen evangelischen Kirchen eine Weihnachtskrippe. In der Epiphaniaskirche werden seit Weihnachten 2000 die Requisiten des Krippenspiels, Stall und Futterkrippe, für die Aufstellung einer Weihnachtskrippe mit kindergroßen Figuren verwendet (S. 108). Seit 2006 wird auch in der Zionskirche Handorf eine von Kindern im Kindergottesdienst gestaltete Krippe aufgestellt, bei der die hölzerne Futterkrippe Verwendung findet, die bis dahin symbolisch an die Geburt des Christkindes erinnerte.

Wie zuletzt in der Zionskirche wurde auch schon vorher nicht mehr jede Krippe gekauft. Mitglieder der Klöster, einiger katholischer Pfarreien und vor allem der evangelischen Gemeinden begannen, für ihre Kirche selbst eine Krippe herzustellen. Im Haus zum Guten Hirten hatte eine Erzieherin bereits 1938/39 eine großfigurige Heilige Familie gearbeitet, und zwar unter Anleitung von Bruder Gandulf Stumpe OFM, der auch für sein eigenes Kloster, das der Franziskaner, 1953/54 eine Krippe geschaffen hatte. Für die Schwesternkapelle der Westfälischen Klinik für Psychiatrie schnitzte und bekleidete eine Schwester während der Nachtwachen Krippenfiguren nach dem Vorbild der Krippe in der Klinikkirche St. Lukas von Gertrud Büscher-Eilert (um 1968). Auch in anderen Klöstern wie Haus Sentmaring (1947/48), dem Kapuzinerkloster (1957/59) und dem Provinzhaus der Schwestern von der göttlichen Vorsehung (Friedrichsburg, 1988 und später) gibt bzw. gab es Krippen von Ordensmitgliedern. Für seine Gemeinde St. Pius hat das Ehepaar Franz und Paula Holtmann 1981 und 1982 eine vielfigurige Krippe geschnitzt und bekleidet. Auch St. Michael besitzt eine eindrucksvolle Krippe, die von einem Laien geschnitzt worden ist (um 1950); der Kötter Theodor Hardinghaus hatte seine Begabung in Warendorfer Krippen-kursen entdeckt und schuf eine Vielzahl origineller Krippen (S. 101).

Bereits 1960 haben Jugendliche und Erwachsene der Erlösergemeinde Krippenfiguren getöpfert und dabei unter dem Thema „Menschen aus aller Welt kommen zum Jesuskind" das überlieferte Schema der Hirten und Könige abgewandelt. Auch für das Matthias-Claudius-Haus Albachten und die Nico-laikirche Roxel wurden Krippen von Gemeindemitgliedern getöpfert. Kinder und Jugendliche waren an den getöpferten vielfigurigen Krippen der Friedens-gemeinde Angelmodde (seit 1982) und der Andreas-Gemeinde Coerde (1992/93 und später) beteiligt. Die farbig getönte Holzkrippe der Gnadenkirche (seit 1961), in der Helfer kranke und bedrückte Menschen zum Jesuskind geleiten, wurde durch Behinderte in der Werkstatt der Von-Bodelschwinghschen An-stalten in Bethel geschaffen, wo das Krippenbrauchtum bereits vor 1900 fester Bestandteil der weihnachtlichen Festzeit war (S. 85).

Was das Erscheinungsbild betrifft, so sind die Krippen in den evangelischen Kirchen durchweg weniger aufwändig gestaltet als in den katholischen. Sie haben im Allgemeinen weniger und kleinere Figuren, die auch häufig nicht so kostbar sind. Nur in einer evangelischen Kirche gibt es bekleidete Figuren, und zwar in der evangelischen Christuskirche Wolbeck. Die Krippen in den evan-gelischen Kirchen wirken nicht nur durch die geringere Zahl und Größe der Figuren schlichter und bescheidener, sondern auch durch das Material; die meisten von ihnen sind aus Ton geformt, in manchen Kirchengemeinden eben auch von Gemeindemitgliedern.

Der Überblick über die münsterschen Krippen wäre nicht vollständig ohne einen Hinweis auf die Krippe, die 1978 erstmals in der Clemenskirche aufge-baut wurde. Dabei handelt es sich um die älteste und zugleich kunstvollste aller

Krippen, eine Darstellung mit neapolitanischen Figuren aus der zweiten Hälfte des 18. Jahrhunderts. Diese Krippe, die als Geschenk des Hamburger Kaufmanns Erich Grimm (1903-1989) zwecks Aufstellung in der restaurierten barocken Clemenskirche in den Besitz des Landschaftsverbandes Westfalen-Lippe gekommen ist, ergänzt auf glückliche Weise die Vielfalt der Krippen in den Kirchen und Kapellen der Stadt. Seit dem Jahr 2000 wird sie aus konservatorischen Gründen als Leihgabe im Stadtmuseum aufbewahrt und dort in der Advents- und Weihnachtszeit präsentiert (S. 72).

THEMAKRIPPEN UND WANDELKRIPPEN

Um das Krippenbrauchtum zu beleben und im Hinblick auf Fragen der heutigen Zeit zu aktualisieren, begann man – wie schon 1960 in der Erlösergemeinde – auch in anderen Gemeinden und Klöstern, so genannte Themakrippen zu gestalten. So wurde bereits im Jahre 1974 bei den Franziskanern das Problem der Obdachlosigkeit thematisiert. Seit 1984 wurden in St. Sebastian über zehn Jahre lang die Krippenfiguren unter einem jeweils anderen Leitgedanken aufgebaut.

Berühmt war die Krippendarstellung „Heiligabend in Münster" von 1987 im Kapuzinerkloster: Vor der Kulisse der Lambertikirche und der Bogenhäuser sitzen zwei junge Leute mit einem Kind und ihrem Rucksack wie Durchreisende als Heilige Familie am Lambertibrunnen; zwei Stadtstreicher, ein Kiepenkerl und eine Appeltiewe (Obstfrau vom Prinzipalmarktstand) ersetzen die Hirten, und der Bischof, der Bürgermeister und eine Frau treten statt der Könige hinzu und überreichen dem Kind den Bischofsstab, den Stadtschlüssel und ein goldenes Herz. Diese Darstellung war auch auf der Krippenausstellung 1991/92 in Telgte zu sehen und wurde dort mit dem Bischof-Heinrich-Tenhumberg-Preis für vorbildliches Krippenschaffen ausgezeichnet.

Seit 1988 erarbeiten Jugendliche der Gemeinde St. Josef Kinderhaus jedes Jahr ein anderes Thema für den Aufbau der bekleideten Figuren von Gertrud Büscher-Eilert. Dabei werden immer wieder aktuelle Ereignisse der Zeitgeschichte oder Fragen der menschlichen Existenz und des christlichen Lebens verbildlicht. Fotos und erläuternde Texte zu den wechselnden Krippendarstellungen sind in einem Heft zusammengestellt, das im Pfarrbüro erhältlich ist. Auch in der Gemeinde St. Stephanus wurden zu Weihnachten 2007 die Krippenfiguren, außer der Heiligen Familie, unter thematischen Gesichtspunkten mit kurzen erläuternden Texten aufgebaut.

„Gottes Wort lebt –
durch dich"
Themakrippe in St. Josef
Kinderhaus 2002

Eine traditionelle Art, die Krippe stärker ins Blickfeld der Gemeinde zu rücken, ist die so genannte Wandelkrippe, eine zeitlich aufeinander folgende Darstellung verschiedener Szenen der Weihnachtsgeschichte. Während fast alle evangelischen Kirchen und auch viele Klöster sich auf ein Bild – entweder die Heilige Familie oder die Anbetung der Hirten und die Huldigung der Könige gleichzeitig – beschränken, werden in den katholischen Kirchen zumeist zwei Bilder – die Anbetung der Hirten und danach die Huldigung der Könige – gezeigt; auch in den meisten Krankenhauskapellen erfolgt eine zweite Aufstellung zum Dreikönigsfest. Darüber hinaus gibt es sieben katholische Kirchen und das Clemenshospital sowie die evangelische Christuskirche Wolbeck, die drei oder mehr unterschiedliche Bilder nacheinander aufbauen; im Extremfall wird – wie in St. Nikolaus Wolbeck, wo es inzwischen zehn Bilder gibt – zu jedem Sonn- und Festtag der Advents- und Weihnachtszeit, von der Prophezeiung Jesajas bis zur Darstellung im Tempel, eine andere Begebenheit aus der Kindheitsgeschichte Jesu dargestellt. Die wachsende Zahl der Bilder deutet auf einen lebendigen Umgang mit der Krippe und eine Intensivierung des Krippenbrauchtums hin.

Die Wolbecker Krippe begleitet die Gemeinde mit ihren wechselnden Szenen bis Mariä Lichtmess (2. Februar), dem früheren Ende der Weihnachtszeit. Obgleich der Weihnachtsfestkreis seit der Liturgiereform des Zweiten Vatikanischen Konzils (1962-65) bereits mit dem Fest der Taufe des Herrn (Sonntag nach Dreikönige) zu Ende geht, stehen in den meisten katholischen Kirchen und in den Krankenhauskapellen die Krippen auch heute noch bis Mitte oder sogar Ende Januar und mancherorts sogar bis Mariä Lichtmess, während in den meisten evangelischen Kirchen und in den Klöstern ohne Ausnahme nach dem Fest der Taufe des Herrn keine Krippe mehr zu sehen ist.

DIE BEDEUTUNG DER LANDSCHAFT

Auf die Gestaltung der Krippenlandschaft wird besonders in den katholischen Kirchen viel Mühe verwandt. Fichten, mit Strohsternen oder elektrischen Lichterketten besetzt, bilden meistens den Hintergrund; Sand und Kies, Laub und Rindenmulch, Heu und Stroh sowie – am aufwändigsten, aber auch besonders illusionsstiftend – frisches Moos und Gras bedecken den Boden und werden durch Blumen belebt, die die Freude der Natur über die Geburt des Schöpfers widerspiegeln. Eine ungewöhnlich große heimatlich anmutende Landschaft mit lichterglänzenden Fichten als Rahmen füllt seit dem Weihnachtsfest 2005 den Chorraum der neugotischen Herz-Jesu-Kirche an der Wolbecker Straße; ein Weg lädt zum Durchwandern und eine Bank zum besinnlichen Verweilen ein (S. 126).

Bei den Arbeiten für den Krippenaufbau werden die Küster häufig von Gemeindemitgliedern unterstützt, die sich Jahr für Jahr, oft über Jahrzehnte und Generationen hinweg, dieser Aufgabe widmen. So ist die schöne alte Wachsfiguren-Krippe in St. Mauritz vier Generationen lang von derselben Familie betreut und zu jedem Weihnachtsfest aufgebaut worden, wozu als wichtige Vorbereitung auch das Moossuchen gehörte. Gerade durch eine natürlich wirkende Landschaft wird eine Vergegenwärtigung des Weihnachtsgeschehens erreicht, während der weitgehende Verzicht auf sie den Blick auf die theologische Aussage konzentriert, wie zum Beispiel bei der mit symbolischem Bezug vor dem Tabernakel aufgestellten Heiligen Familie von Johann Fischedick im Herz-Jesu-Krankenhaus Hiltrup oder dem vor dem Altar aufgestellten Krippenrelief von Hans Dinnendahl im Canisiushaus. Auch in den evangelischen Kirchen ist im Allgemeinen die Landschaft – passend zu den Figuren – eher zurückhaltend und schlicht gestaltet.

DIE KRIPPE IM GOTTESDIENST

Ob die Weihnachtskrippe eine Dekoration zur Verschönerung der Kirche oder ein Andachtsbild für die persönliche Betrachtung ist, oder ob sie zu einer Intensivierung der frohen Botschaft für die Gemeinde beiträgt, zeigt sich daran, ob und wie sehr sie in die Gottesdienste der Weihnachtszeit, besonders an Heiligabend, einbezogen wird. In vielen katholischen Kirchen gibt es am Anfang des Familiengottesdienstes oder der Christmette eine Inzensierung, d.h. die Krippe mit dem Jesuskind, das meist zu Beginn oder während des ersten Gottesdienstes in die Krippe gelegt wird, wird mit Weihrauch gesegnet. Sehr häufig ziehen im Familiengottesdienst alle Kinder in einer Art Prozession zur Krippe, begleiten das Kind dorthin oder bringen Kerzen und Sterne zum Jesuskind. In vielen Kirchen wird das Weihnachtsevangelium von der Krippe aus verlesen, oder es wird in der Predigt Bezug auf die Krippe genommen.

In vielen katholischen Kirchen findet in den Kinder- und Familiengottesdiensten am Heiligabend ein Krippenspiel statt, das überwiegend von Grundschülern gestaltet wird. Einen hohen Stellenwert haben die Krippenspiele auch in den evangelischen Kirchen, wo sich neben Vorschulkindern und Grundschülern auch Konfirmanden an den Aufführungen beteiligen.

Allabendlich finden in der Kapelle des Clemenshospitals an der Krippe Meditationen statt, die der ehemalige Krankenhausseelsorger, der Kapuzinerpater Professor Dr. Edilbert Schülli (1929-2004), gestaltet und auf Tonband gesprochen hat. Untermalt werden die Betrachtungen durch vielfältige Ton- und Lichteffekte sowie Musik. Die Besucher dieser erzählfreudigen und volkstümlichen Krippe erleben so eine intensive Vergegenwärtigung des Weihnachtsgeschehens auch im Hinblick auf Probleme und Herausforderungen unserer heutigen Zeit.

KRIPPENGÄNGE

Die Krippe im Clemenshospital ist so bekannt, dass sie in der Weihnachtszeit 2006/2007 von geschätzten 2000 Personen besucht wurde. Sie kamen mit Bussen aus dem Münsterland, dem Ruhrgebiet und dem Rheinland oder auch einzeln aus Münster und Umgebung.

Solche Krippenbesuche haben eine lange Tradition, denn seit es Weihnachtskrippen gibt, gibt es auch die weihnachtliche Wanderung zu den Krippen. So war es schon im 17. Jahrhundert in Rom üblich, von Haus zu Haus zu gehen, um die Krippen anzuschauen, die sich damals in den Häusern der Vornehmen mit einer Vielfalt von Szenen aus dem Volksleben über mehrere Räume, im Fall eines Kurienprälaten durch seinen ganzen Palast hin erstreckten. Die besonders kunstvollen Krippen in Neapel waren im 18. und 19. Jahrhundert immer wieder Ziel von Reisenden z. B. aus Frankreich und Deutschland, die diese Krippen dann in ihren Briefen und Reiseberichten beschrieben haben.

Auch in den Umlandgemeinden von Münster war es bis in die 1930er Jahre Brauch, in der Weihnachtszeit wenigstens einmal alle Kirchen innerhalb der Promenade der Stadt Münster und zusätzlich das außerhalb gelegene Franziskanerkloster auf einer Krippenwanderung zu besuchen. Das „Krippkeskieken" machte die Münsterfahrt zu einem besonderen Erlebnis.

Die Tradition der Krippenwanderung, die es natürlich auch in vielen anderen Orten wie Bamberg oder Köln gibt, lebt in Münster ungebrochen fort. Wer selbst einmal an den Weihnachtstagen oder auch danach außerhalb der Gottesdienstzeiten die Kirchen besucht, wird erstaunt sein über die vielen Menschen, die die Weihnachtskrippen anschauen. Geführte Krippenwanderungen werden zudem durch das Haus der Familie angeboten.

Hirte aus der Krippe des
St. Franziskus-Hospitals

Die Krippe im Herzen

Älter als der Brauch, Weihnachtskrippen aufzubauen und zu besuchen, ist die in der mittelalterlichen Mystik entstandene Idee, dem Christkind eine Krippe im eigenen Herzen zu bereiten. Ein solcher „geistlicher" Krippenbau wurde in süddeutschen Nonnenklöstern als eine besondere Form der Jesuskindverehrung gepflegt. Durch bestimmte Gebetsübungen und Verhaltensweisen, für die es eigene Anleitungsbücher gab, bereiteten die Frauen zum Weihnachtsfest in ihren Herzen eine „Stallhütte" oder ein „Kripplein" für das Jesuskind.

Paul Gerhardt, der bedeutende lutherische Liederdichter, nimmt in seinem Weihnachtslied „Ich steh an deiner Krippen hier" (1653) denselben Gedanken in der vorletzten Strophe auf:
„Eins aber, hoff ich, wirst du mir,
Mein Heiland, nicht versagen:
Dass ich dich möge für und für
In, bei und an mir tragen.
So lass mich doch dein Kripplein sein;
Komm, komm und lege bei mir ein
Dich und all deine Freuden."

Aus derselben innigen Frömmigkeit heraus dichtet fast gleichzeitig der zur katholischen Kirche konvertierte Angelus Silesius:
„Wird Christus tausendmal in Betlehem geboren
Und nicht in dir, du bleibst doch ewiglich verloren."

Und weiter heißt es:
„Ach, könnte nur dein Herz zu einer Krippe werden,
Gott würde noch einmal ein Kind auf dieser Erden."
(Cherubinischer Wandersmann, 1657)

Auch Mutter Teresa verwendet noch dasselbe sprachliche Bild:

„Wir möchten Jesus zur Weihnachtszeit willkommen heißen, nicht in einer kal-ten Krippe, der unser Herz bisweilen gleicht, sondern in einem Herzen voller Liebe und Demut, in einem reinen, unbefleckten Herzen, das erfüllt ist von der Liebe zueinander" (Theodor Glaser: Theologie am Krippenweg. Vortrag zum 18. Weltkrippen-kongress am 23.-27.01.2008 in Augsburg).

Für die ökumenische Heilige unserer Tage realisiert sich die Jesusliebe vor allem in der Nächstenliebe; erst durch sie kann ihrer Meinung nach unser Herz zu einer wahren Krippe werden, in der wir Jesus willkommen heißen können.

Jesuskind aus der Mutterhauskirche der Clemensschwestern

Ausgewählte Krippen

Die folgende Auswahl von Weihnachtskrippen in Münster ist so angelegt, dass der Leser sich mit ihrer Hilfe auch allein ohne Führung auf eine Krippenwanderung oder Krippenfahrt begeben kann. Es sind jeweils drei bis fünf Krippen zu einer raumbezogenen Einheit zusammengefasst, sodass sie jeweils an einem halben Tag – in der Innenstadt zu Fuß, in den Randbereichen mit dem Fahrrad, Auto oder Bus – besucht werden können. Die Adressen und die Öffnungszeiten der Kirchen sowie die Telefonnummern der Pfarrbüros sind angegeben. Wenn man mit einer Gruppe kommen möchte, empfiehlt es sich, den Termin vorher telefonisch abzusprechen.

In den folgenden Texten werden 25 der rund 100 Weihnachtskrippen vorgestellt, die in den Kirchen und Kapellen der Stadt aufgebaut werden. Bei der Auswahl wurden verschiedene Kriterien zugrunde gelegt wie das Alter und die Herkunft oder die Schönheit der Figuren und des Aufbaus sowie die Originalität oder die Beispielhaftigkeit der Krippe. Nur in zwei Fällen werden von einem Künstler zwei Krippen vorgestellt, und zwar die Krippen in Liebfrauen-Überwasser und in Heilig Kreuz von Franz Guntermann sowie die Krippen in Heilig Geist und St. Clemens Hiltrup von Hans Wehrenberg. Weitaus die meisten Krippen mussten unberücksichtigt bleiben, und mancher wird vielleicht gerade die Krippe seiner Gemeinde oder seine Lieblingkrippe vermissen. Sucht man in einem solchen Fall genauere Informationen, sei auf den 1994 erschienenen Krippenkatalog der Autorin verwiesen, der bei der Literatur aufgeführt ist.

Für einen ersten Überblick wird jede Krippe durch ein Foto vorgestellt und durch eine Art Steckbrief kurz charakterisiert, und zwar nach Material, Zahl und Größe der Figuren, nach der Herkunft sowie dem Alter. Bei diesen Angaben muss jedoch bedacht werden, dass die Krippen nicht in jedem Fall Jahr für Jahr als feste Ensembles in derselben Weise aufgebaut werden, sondern dass zum Beispiel ein eher schöpferischer Umgang mit ihnen oder auch ein erweiterter Fundus zu Veränderungen im Figurenbestand führen können. Es folgt ein ausführlicher Text, in dem das Erscheinungsbild und die Eigenart der jeweiligen Krippe beschrieben werden und nach Möglichkeit auch auf das Alter und die Herkunft beziehungsweise den Hersteller genauer eingegangen wird. Häufig gibt es dann noch Hinweise auf ähnliche oder zeitgleiche Krippen oder auf weitere Krippen derselben Art oder desselben Künstlers.

Ein gewisses Problem für die Verlässlichkeit der Angaben ergibt sich aus der aktuellen Zusammenlegung von Gemeinden, aus der Schließung oder gar dem Abriss von Kirchen- beziehungsweise Klostergebäuden oder der anderweitigen Nutzung von Gotteshäusern. Dadurch kann sich in einzelnen Fällen auch Münsters „Krippenlandschaft" verändern.

Engel aus Heilig Geist

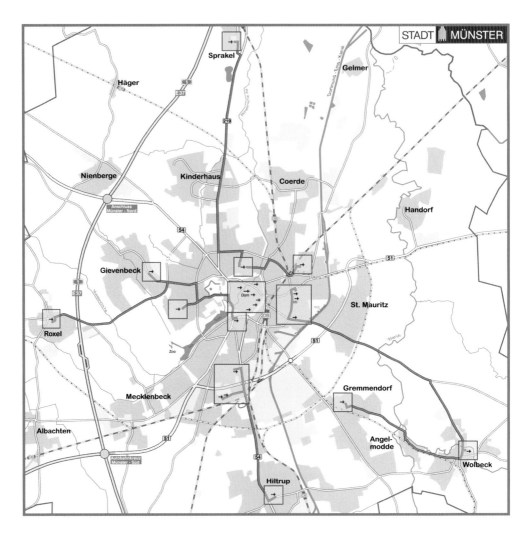

Innenstadt I: *St. Ludgeri, St. Lamberti, St. Martini, St.-Paulus-Dom, Liebfrauen-Überwasser*

Innenstadt II: *Mutterhauskirche der Clemensschwestern, St. Servatii, Stadtmuseum: Neapler Krippe, Apostelkirche*

Süden: *Heilig Geist, Gnadenkirche, Clemenshospital, St. Clemens Hiltrup*

Westen: *St. Antonius, St. Pantaleon Roxel, St. Michael Gievenbeck, St. Theresia Sentruper Höhe*

Norden: *Epiphaniaskirche, Heilig Kreuz, St. Marien Sprakel*

Osten: *St. Mauritz, St. Franziskus-Hospital, Herz Jesu, St. Nikolaus Wolbeck, St. Ida Gremmendorf*

Innenstadt I

St. Ludgeri, St. Lamberti, St. Martini, St.-Paulus-Dom, Liebfrauen-Überwasser

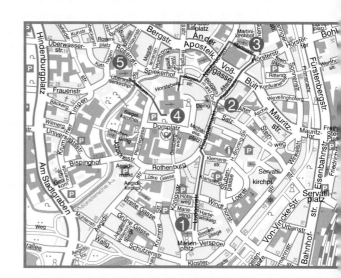

1 *St. Ludgeri*
Marienplatz
Telefon 4 48 93
Heiligabend bis Mitte Januar
Mo-Sa   8-13 / 15-19.45 Uhr;
So 9-12 / 15-20 Uhr

2 *St. Lamberti*
Lambertikirchplatz
Telefon 4 48 93
Heiligabend bis Sonntag nach
Dreikönige
Mo-Sa 8-18.45 Uhr;
So 9.30-19 Uhr

3 *St. Martini*
Neubrückenstraße
Telefon 4 48 93
Heiligabend bis Sonntag nach
Dreikönige
8.30-17.30 Uhr

4 *St.-Paulus-Dom*
Domplatz
Telefon 49 53 22
Heiligabend bis zur 3. oder
4. Januarwoche
6.30-18 Uhr

5 *Liebfrauen-Überwasser*
Überwasserkirchplatz
Telefon 4 49 87
Heiligabend bis zur 3. Januarwoche
8-19 Uhr

① St. Ludgeri

Wachs, gegossen und bemalt; kaschierte Kleider
15 Figuren: Maria (Gips), Jesuskind (Gips), Josef, 2 kniende Engel, 2 schwebende
Engel, 3 Hirten, Hirtenjunge, Maria mit Jesuskind, Drei Könige;
außerdem Köpfe von Ochs und Esel (Papiermaché), 3 Schafe (Gips), 5 Schafe (Holz,
Südtirol), ein weiteres Holzschaf
75 cm
Schwestern vom armen Kinde Jesu, Aachen
1868 und später

Die Weihnachtskrippe in St. Ludgeri ist die älteste Krippe, die in einer münsterschen Pfarrkirche erhalten ist. Seit nunmehr 140 Jahren erfreut sie in der Weihnachtszeit die Mitglieder der Gemeinde und andere Besucher. Die Wachsfiguren mit den kaschierten Kleidern faszinieren den Betrachter durch ihr offensichtliches Alter, durch die Innigkeit der Haltung und des Ausdrucks sowie durch die harmonisch abgestimmte Farbigkeit und den kunstvollen Faltenwurf der Gewänder.

Die Krippe zeigt zu Heiligabend und zum Fest der Heiligen Drei Könige zwei unterschiedliche Bilder. Zum Weihnachtsfest beten Maria und Josef kniend das auf dem Stroh liegende Jesuskind an. Ein im Gebet versunkener alter Hirt in einem dunklen Umhang, zwei junge Hirten, einer mit einem Schaf, der andere mit einer Schalmei und einer Sackpfeife, und ein fröhlicher Hirtenknabe haben die Botschaft des Engels gehört und sind gekommen, um den neu geborenen Messias zu sehen. Die beiden knienden Engel, die vermutlich einmal Musikinstrumente in den Händen trugen, und die beiden am Stalldach schwebenden Engelchen bezeugen durch ihre Anwesenheit die Göttlichkeit des Kindes. Birkenstämme tragen ein einfaches Dach, Bretter und Fichtenzweige bilden die Rückwand des Stalles, wozu auch die Köpfe von Ochs und Esel gehören, die ursprünglich sicher so angebracht waren, dass das Fehlen der Leiber nicht auffiel. Stroh, Moos und Blumen sowie die Schafe ergänzen die Krippenlandschaft.

Während die Figur der Maria und das Jesuskind der Heiligen Nacht zu einem nicht bekannten Zeitpunkt durch Gipsfiguren ersetzt werden mussten, sind für die Aufstellung zum Dreikönigsfest alle Figuren original erhalten. Maria, in ihre pastellig abgetönten Symbolfarben als jungfräuliche Himmelskönigin gekleidet, sitzt mit geneigtem Haupt und hält zwischen ihren Händen den auf ihrem Schoß thronenden Jesusknaben, der, in ein weißes Tuch gehüllt, mit geöffneten Armen freundlich die fremden Könige begrüßt. Diese entsprechen ganz ihren traditionellen Rollen: Der alte ist bereits kniend im Gebet versunken, der zweite mit einem Geschenk in der Hand macht gerade eine Kniebeuge, und der junge König mit dunkler Hautfarbe und hellem Gewand nähert sich als letzter mit offenem, erwartungsvollem Gesicht. Die sitzende Maria mit dem Jesusknaben auf dem Schoß, die Heiligen Drei Könige sowie die zwei knienden Engel unterscheiden sich im Stil leicht von den Figuren der Heiligen Nacht; sie sind sicher einige Zeit später, jedoch in derselben Werkstatt entstanden.

Die kunstvoll gefalteten und vielfarbig abgestimmten, teils goldverzierten Gewänder – bei den Königen mit gotisierenden Ornamenten – erinnern an spätmittelalterliche Tafelbilder. Besonders deutlich wird diese Ähnlichkeit auch bei den Engelchen oben am Stalldach mit den goldenen, farbig abschattierten Flügeln. Zusammen mit der andächtigen Haltung und dem frommen Gesichtsausdruck der Figuren deutet alles auf den Nazarenerstil

hin. Die Vertreter dieser Kunstrichtung wollten zu Beginn des 19. Jahrhunderts in romantischer Rückbesinnung auf die Zeit des Mittelalters und der Renaissance die Kunst durch die Wiederaufnahme alter Traditionen erneuern. Besonders die kirchliche Kunst erfuhr durch diese Bestrebungen eine starke Wiederbelebung. Die St.-Aegidii-Kirche in unserer Stadt ist ein bekanntes Beispiel für die Ausgestaltung eines Gotteshauses im Nazarenerstil, der auch für die Schaffung von Krippenfiguren sehr beliebt war.
Ein zufällig überlieferter Zettel mit Notizen über *„Auslagen für die Krippe 1868"* belegt das Jahr der Anschaffung und die Kosten, die allein für die Figuren der Heiligen Nacht mit der Hirtenanbetung – ohne die sitzende Maria mit dem Kind auf dem Schoß und ohne die Könige – 232 Reichstaler betrugen (Bistumsarchiv Münster, Pfarrarchiv St. Ludgeri, Kasten 18).

Krippen dieser Art wurden seit 1866 in Aachen bei den Schwestern vom armen Kinde Jesu hergestellt, die bis dahin vor allem für ihre Paramentenstickerei berühmt gewesen waren. Im Pastoralblatt für die Diözese Münster wurde in den Jahren 1866 bis 1868 mehrfach auf die Krippen der Aachener Schwestern hingewiesen, die bereits 1866 auch im Franziskanerkloster Münster ausgestellt waren und vom damaligen Bischof mehrfach gelobt und sehr empfohlen wurden. 1868, als die Krippe für St. Ludgeri gekauft wurde, waren erstmals auch Hirten angeboten worden.

Die Herstellung der Krippenfiguren erforderte verschiedene Arbeitsgänge. Die Köpfe und alle anderen sichtbaren Körperteile wurden aus flüssigem Wachs mit verschiedenen Zusätzen, und zwar mit Hilfe von vorgefertigten Gussmodeln geformt und nach dem Erhärten bemalt. Als Körpergerüst diente ein mit Pappe und Papier beklebtes Lattengestell, auf dem die mit Leimwasser getränkten Stoffe zu Kleidern drapiert und nach dem Trocknen bemalt wurden. Nachdem die Schwestern zunächst Künstler mit den Arbeiten beauftragt hatten, lernten sie bald, alle diese Tätigkeiten selbst auszuführen, und sie wurden schließlich so produktiv, dass ihre Krippen und Jesuskinder jedes Jahr zu Hunderten in alle Welt versandt wurden. Die Werkstatt bestand noch bis zum Jahr 1967.

In Anbetracht des Alters und des empfindlichen Materials ist die Krippe von St. Ludgeri, die 1977 teilweise restauriert wurde, in einem guten Zustand. Die Figuren wurden immer wertgeschätzt und in Schränken in der Sakristei aufbewahrt. Im Jahr 1912 gab Pfarrer Prälat Beelert im Inventar der Kirche den Wert der Krippe, zu der damals sicher auch schon die Dreikönigsdarstellung gehörte, mit 1000 Mark an (Bistumsarchiv Münster, Pfarrarchiv St. Ludgeri, Kasten 29). Während der Bombardierung der Stadt im September 1944 haben Gemeindemitglieder die Figuren aus der brennenden Kirche gerettet.

Seit 1966 wird die Krippe, die vorher in einer Grotte vor der Stirnwand des rechten Seitenschiffes ihren Platz hatte, vor der hinteren Rückwand dieses Schiffes aufgebaut. Von der schönen alten Weihnachtskrippe gleitet der Blick des Betrachters zu dem Holzkruzifix an der benachbarten Wand. Das Triumphkreuz, das der münstersche Bildhauer Heinrich Bäumer 1929 für den Gurtbogen zwischen Vierung und Chor geschaffen hatte, erinnert an die Zerstörung der Kirche im Zweiten Weltkrieg. Die Worte, die heute den Platz der Arme einnehmen, „Ich habe keine andern Hände als die eueren", mahnen die Gläubigen, die Liebe des Mensch gewordenen Gottes, der durch seinen Tod am Kreuz unsere Erlösung vollendet hat, tätig an die Mitmenschen weiterzugeben.

In Münster und dem Münsterland finden sich weitere Krippen aus der Werkstatt der Aachener Schwestern, zum Beispiel in St. Mauritz (S. 120), in der Mutterhauskirche der Franziskanerinnen, in der Raphaelsklinik und im Franziskanerkloster Warendorf. Die Krippe von St. Johannes Sassenberg, deren Figuren noch original bekleidet sind, befindet sich heute in der Sammlung des Krippenmuseums Telgte.

Ein abschließender Gang zum Chor der Kirche führt den Besucher zu einem spätgotischen Flügelaltar aus Tirol mit geschnitzten Figuren, der 1998 der Gemeinde geschenkt worden ist. Auf den Flügeln sind die Heiligen Margareta und Laurentius sowie Johannes Evangelista und Katharina dargestellt, während das Mittelfeld die Huldigung der Heiligen Drei Könige zeigt. Die thronende Gottesmutter hält das unbekleidete Kind dem alten König entgegen, der diesem kniend sein Geschenk reicht. Diese Mittelgruppe unter dem Stern, der über dem Haupt des Kindes steht, wird flankiert von den beiden anderen Königen mit ihren Kronen und Geschenken. Alle Figuren haben einen goldenen Nimbus und sind mit goldenen blattartigen Ornamenten hinterfangen. Sie stehen auf flachen grünen Sockeln und sind unten und oben durch geschnitztes, vergoldetes Maßwerk eingerahmt, das über den Köpfen einen schützenden Baldachin bildet. Besonders in den Alpenländern gibt es eine Vielzahl solcher so genannter Krippenaltäre, entweder mit der Anbetung der Hirten oder wie hier mit der Huldigung der Könige. Sie gehören zu den Vorläufern der Weihnachtskrippe.

② St. Lamberti

Holz, farbig getönt; bekleidet
12 Figuren: Heilige Familie, Engel, Hirt, Hirtenpaar, Mädchen, Drei Könige,
Kameltreiber; außerdem Ochs und Esel, 9 Schafe, Kamel
90 cm
Oberammergauer Figuren: Firma Klucker und Firma Lang, nach 1965 bis 1982
Engel: Holz, polychromiert, 4. Viertel des 19. Jh.
Hirtenpaar: Walter Grüntgens (1907-1980), Münster, um 1952
Mädchen: Cornelia Wolf, Miltenberg, 2006

Die spätgotische St.-Lamberti-Kirche, inmitten der Altstadt zwischen Prinzipalmarkt und Drubbel gelegen, zieht in der Weihnachtszeit ganz besonders viele Menschen an. Meist betreten die Besucher das Gotteshaus vom Kirchplatz her durch das Südportal, in dessen hochgezogenem Tympanon der Stammbaum Jesu dargestellt ist. Wendet man sich in der Kirche zum Chor hin, kommt man direkt zu der großfigurigen Oberammergauer Krippe, die an der rechten Seitenwand aufgebaut wird.

Das mit braunem Rupfen ausgeschlagene Innere eines Beichtstuhls mit gotisierendem Schnitzwerk bildet eine Art Grotte, in der die Heilige Familie Platz findet. Davor und zu beiden Seiten erstreckt sich eine Landschaft aus Stroh, Moos und verschiedenen Blumen, die im Hintergrund von Fichten eingerahmt wird und die übrigen Figuren aufnimmt: Ochs und Esel, einen alten knienden Hirten mit seinen Schafen, ein originelles Hirtenpaar mit einem kleinen Mädchen und in einem zweiten Bild ab dem 6. Januar die Heiligen Drei Könige mit ihrem Kamel und einem Kameltreiber.

Köpfe und Hände der Figuren, bei den Tieren die ganzen Körper, sind aus Holz geschnitzt und farbig lasiert. Die Körper der bekleideten Figuren bestehen aus Holzklötzen und umpolsterten Drähten und sind beweglich. Nach Anleitungen aus Oberammergau haben Frauen der Gemeinde die Figuren mit Liebe und Sorgfalt bekleidet.

Fast alle Figuren der Krippe wurden zwischen 1965 und 1982 nach und nach angeschafft; hergestellt wurden sie von der Firma Klucker und der Firma Lang (beide Oberammergau). Das westfälisch anmutende Hirtenpaar hat das Gemeindemitglied Walter Grüntgens bereits um 1952 geschnitzt; es wurde 2006 durch ein kleines Mädchen mit einer Puppe ergänzt, das Cornelia Wolf, die Schwester des Pfarrers, geschnitzt, bemalt und bekleidet hat. Der zartfarben polychromierte Verkündigungsengel gehörte zur früheren Krippe von St. Lamberti, die wie die Krippe von St. Martini aus dem letzten Viertel des 19. Jahrhunderts stammt. Der schlechte Erhaltungszustand der alten Figuren und wohl auch die zur damaligen Zeit verbreitete Geringschätzung aller historisierenden Kunstwerke hatten in den 1960er Jahren in der Gemeinde den Wunsch nach einer moderneren Krippe mit bekleideten Figuren entstehen lassen. Die alte Nazarenerkrippe wurde jedoch aufbewahrt und der Diasporagemeinde St. Marien in Wangerland Schillig im Kreis Friesland geschenkt, wo sie seit 1985 nach einer Restaurierung aufgebaut wird und viele Besucher auch aus einem größeren Umkreis anzieht.

Die Krippe von St. Lamberti stammt also aus dem berühmten Schnitzer- und Passionsspielort Oberammergau, wo die Holzbildnerei seit dem Mittelalter betrieben wird. Da die Erwerbsmöglichkeiten in der Land- und Forstwirtschaft zu gering waren, waren die Kleinbegüterten und Tagelöhner gezwungen, einer Heimarbeit nachzugehen, und haben dazu das reichlich vorhandene und preiswerte Holz genutzt. Zunächst hat man allerlei Gebrauchsgegenstände wie Hausrat (Teller und Bestecke) und bäuerliche Geräte (Rechen und Heugabeln) geschnitzt, gedrechselt und gefertigt. Einen größeren Aufschwung hat die Oberammergauer Schnitzkunst dann seit der Gründung des Klosters Ettal (1330) und der damit verbundenen Wallfahrt und dem Devotionalienhandel erlebt. Nun wurden vor allem Kruzifixe in allen Größen und Ausführungen geschnitzt, in einfachen Formen für den Stall als Segenszeichen für Vieh und Gebäude und in kunstvoller Ausfertigung für den „Herrgottswinkel" in der Stube. Sowohl bei den Kruzifixen wie auch bei den Krippenfiguren hat man sich an italienischen beziehungsweise neapolitanischen Vorbildern orientiert. Eine eigene Zunft bildeten die Oberammergauer Spielwarenschnitzer, deren Produkte ganz besonders den Reiz der Volkskunst ausstrahlen. Im 19. Jahrhundert haben so genannte Verleger Oberammergauer Schnitzereiwaren in ganz Europa, ja sogar in Amerika und Ostindien vertrieben.

Heute sorgt die Staatliche Berufsfachschule für Holzbildhauer, mit Schülern aus dem ganzen Bundesgebiet, für die qualifizierte Ausbildung eines traditionsbewussten, handwerklich und künstlerisch geschulten Nachwuchses. Ungefähr 60 Schnitzer sind derzeit noch in circa 45 Werkstätten tätig und widmen sich überwiegend religiösen Motiven. Die Krippenschnitzerei, die einen großen Teil der Produktion ausmacht, wird oft von Familien betrieben, in denen die Männer schnitzen und die Frauen die Gewänder – in alpenländischer oder morgenländischer Tracht – anfertigen. Sehr lohnend ist ein Besuch im Museum Oberammergau, in dem unter anderem eine schöne Sammlung historischer Oberammergauer Weihnachtskrippen gezeigt wird.

Insgesamt gibt es in den Münsteraner Kirchen und Kapellen ungefähr zwanzig Krippen aus Oberammergau. Ebenfalls von der Firma Klucker kommen die bekleideten Figuren in St. Josef Gelmer, die Heilige Familie und ein Schaf in St. Sebastian Amelsbüren, die Heilige Familie in St. Michael (S. 101) und die Krippe in der Christuskirche Wolbeck. Trotz der unterschiedlichen Größe ähneln sich die Figuren sehr, denn sie entsprechen immer noch dem Entwurf, für den Hans Klucker 1974 den Bayerischen Staatspreis für hervorragende handwerkliche Leistung erhielt. Seine Tochter Juliane und ihr Mann Michael Pfaffenzeller führen zusammen mit einem erfahrenen Mitarbeiter die Schnitz- und Fassmalwerkstätte fort, in der alle Holzarbeiten noch von Hand gemacht werden und die Frau die Bekleidung für die Krippenfiguren näht. Neben den Krippen mit bekleideten Figuren gibt es besonders in den evangelischen Kirchen Münsters wie der Apostelkirche (S. 77) naturfarbene Holzkrippen aus Oberammergau.

Der Besucher der St.-Lamberti-Kirche findet weitere Christgeburtsdarstellungen auf dem spätgotischen Flügelaltar vor der Stirnwand des nördlichen Seitenschiffes. Der geschnitzte und mit vergoldetem Maßwerk geschmückte Marienaltar zeigt auf den seitlichen Flügeln vier Reliefs aus der Kindheitsgeschichte Jesu: die Verkündigung, den Besuch Marias bei Elisabet, die Geburt und die Anbetung der Könige. Die motivische Gestaltung des Geburtsbildes geht zurück auf eine Vision der heiligen Birgitta von Schweden (1303-1373), die diese ein Jahr vor ihrem Tod auf einer Pilgerreise im Heiligen Land erfahren hatte: Das nackte Jesuskind liegt auf dem Boden und wird von Maria und Engeln verehrt. Auch das gotische Sandsteinrelief von der Brautpforte an der Südfassade, das in der Sakramentskapelle hängt und außen durch eine Kopie ersetzt worden ist, zeigt das Jesuskind in einem Strahlenkranz auf dem Boden liegend, wie Birgitta es beschrieben hat (mehr zu diesem Motiv im Text zu St. Servatii, S. 69).

③ St. Martini

Holz, polychromiert
13 Figuren: Heilige Familie, Engel, 5 Hirten, Drei Könige (der schwarze
mit einem Diener), Kameljunge; außerdem Köpfe von Ochs und Esel, 10 Schafe,
Ziege, Kamel
70 cm
Unbekannter Bildhauer; Fassung durch Albert Brinkmann, Münster
1885

Die geschnitzte, polychromierte Weihnachtskrippe, die vor der Stirnwand des rechten
Seitenschiffes aufgebaut wird, ist nicht nur wegen ihres Alters, sondern auch wegen
der Vielzahl der Figuren und ihrer hervorragenden Qualität bemerkenswert. Sie ist
wie die Wachsfigurenkrippen von St. Ludgeri (1868) und St. Mauritz (1878) unter
dem Einfluss des Nazarenerstils entstanden. Auch hier bestimmen Demut und Andacht die Haltung der Figuren, deren Bewegung durch den schwungvollen Faltenwurf der Gewänder unterstrichen wird, besonders auffallend bei Maria und den
Königen.

Josef dominiert durch seine Größe und erscheint so als Beschützer seiner Familie und auch als Patron und Vorbild der Familienväter – als solcher wurde er seit der Mitte des 19. Jahrhunderts besonders verehrt – , während Maria sich tief zu ihrem Kind hinabbeugt, das lächelnd mit geöffneten Armen in der strohgefüllten Krippe liegt. In einer weißen Windel mit goldenem Wickelband ist es auf einem weißen goldgeränderten Tuch als strahlender Mittelpunkt der Krippe hervorgehoben. Die fünf Hirten tragen Kleider in braunen, grünen und grauen Farbtönen, die an den Kanten farbig abgesetzt sind. Drei von ihnen, darunter die beiden ältesten, beten das Gotteskind an, einer stützt sich dabei auf seine Hirtenschaufel, die beiden anderen spielen auf einer Sackpfeife und einer Schalmei. Gewänder in leuchtenden Farben mit gotisierenden Golddekoren sowie kostbar wirkende Kronen und Geschenke charakterisieren die Könige, zu denen neben einem farbigen Diener auch ein junger Kameltreiber und ein prächtiges Kamel mit einem Reitsattel gehören. Zehn verschiedene Schafe – darunter ein liegendes gefesseltes „Lamm Gottes" als Symbol für den Opfertod Jesu – und eine Ziege vervollständigen den umfangreichen Bestand an Figuren.

Die kostbare Krippe von St. Martini gehört zu den wenigen in Münster, für die es einen archivalischen Nachweis gibt. Über die Anschaffung findet sich im Pfarrarchiv von St. Martini im Rechnungsbuch der Kirchengemeinde für das Jahr 1885 folgender Eintrag: *„Albert Brinkman für eine Krippe 1262 Mark 50 Pf."* (Bistumsarchiv Münster, Pfarrarchiv St. Martini, A 81. Der Beleg wird schon von Max Geisberg zitiert in: Bau- und Kunstdenkmäler von Westfalen. Die Stadt Münster, 6. Teil, Münster 1941, S. 188). Brinkmann war nach dem Adressbuch der Stadt Münster 1843 geboren, in der Gemeinde wohnhaft und von Beruf Dekorationsmaler, das heißt er war zuständig für die künstlerische Bemalung von Gegenständen und die dekorative Ausgestaltung von Innenräumen. Mehrfach hat er entsprechende Arbeiten für St. Martini in Rechnung gestellt. Er selbst hat die Krippenfiguren also nur bemalt, nachdem er die geschnitzten Körper von einem nicht genannten Bildhauer bezogen hatte.

Inzwischen ist die Krippe über 120 Jahre alt. Nach der Zerstörung der Kirche im Zweiten Weltkrieg fand der damalige Pfarrjugendführer die Figuren in einem wasserge-
füllten Bombentrichter und rettete sie. Dass sie heute in ihrem ursprünglichen Zustand wiederhergestellt sind, ist der Initiative des ehemaligen Pfarrers der Gemeinde
Dr. Werner Hülsbusch zu verdanken sowie dem Engagement und der großherzigen
Opferbereitschaft vieler Gemeindemitglieder und Gruppen, die die Restaurierung der
Figuren zwischen 1977 und 1987 ermöglicht haben. Der golden gekleidete, goldge-
lockte Engel aus dem späten 19. Jahrhundert wurde um 1980 als Verkündigungsengel
zur Krippe hinzugefügt; er schmückte vorher die Orgel von St. Johannes Oelde. Daher
lauten die Worte auf seinem Spruchband „Lobet den Herrn!" und nicht – wie bei
einem Verkündigungsengel – „Ehre sei Gott in der Höhe". Der Stall wurde 2001 neu
angefertigt.

Farbig gefasste Holzkrippen im Nazarenerstil wie in St. Martini hat es auch in anderen
Münsteraner Kirchen gegeben: In St. Anna Mecklenbeck wird eine polychromierte
Holzkrippe, ebenfalls aus dem letzten Viertel des 19. Jahrhunderts, nach einer jahr-
zehntelangen Lagerung im Pfarrkeller seit 1975 wieder aufgebaut; in Liebfrauen-
Überwasser wurde die alte Krippe leider durch die Bombardierung zerstört, während
die alte Krippe der St.-Lamberti-Kirche nach Anschaffung der jetzigen Krippe um
1982 mit Ausnahme des Verkündigungsengels einer Diasporagemeinde im Kreis
Friesland geschenkt wurde.

St.-Paulus-Dom

Lindenholz, gewachst
12 Figuren: Heilige Familie, Engel, 3 Hirten, Knabe, zweite Maria mit Kind, Drei
Könige;
außerdem 5 Schafe, Krone; Stern (später hinzugefügt)
50 cm
Schwester Eberhardis Kohlstedt (1901-1992), Bad Honnef
1973

Seit der Weihnachtszeit 2003 wird die Domkrippe vor dem linken Vierungspfeiler im Chorraum aufgebaut und nicht mehr in der südlichen Turmkapelle. Sie steht damit unübersehbar an einer ganz zentralen Stelle nicht nur für Besucher des Doms und insbesondere Krippenwanderer, sondern sie vergegenwärtigt die frohe Botschaft des Weihnachtsevangeliums vor allem auch für die Teilnehmer an den Gottesdiensten.

Die voll geschnitzten Lindenholzfiguren heben sich deutlich von den Fichten und dem dunklen Stall im Hintergrund ab. Moos, Sand, Steine, grüne Pflanzen und wenige rote Christsterne sind zu einer idyllischen Landschaft gestaltet, die zusammen mit den ausdrucksstarken Figuren eine Krippe bildet, die den Betrachter zum Nachdenken anregen möchte und die mit diesem Anspruch besonders gut in die Bischofskirche passt.

Die Krippe zeigt zum Weihnachtsfest die Heilige Familie, die Verkündigung an die Hirten und die Anbetung der Hirten. Die kniende Maria und Josef mit dem Wanderstab verehren das göttliche Kind, zu dem sich der älteste Hirt, gestützt auf seine Hirtenschaufel, in Demut und Andacht hinabbeugt. Anstelle von Ochs und Esel vertritt ein Schaf an der Krippe die Welt der Tiere. Ganz als himmlischer Bote erscheint der Engel: Nicht nur der Arm weist zum Himmel empor, sondern unübersehbar auch der mächtige Flügel. So verkündet er für jeden sichtbar sein „Ehre sei Gott in der Höhe". Während der zweite Hirte mit staunenden Augen und ausgestrecktem Arm je nach Positionierung auf den Engel oder die Heilige Familie weist, lauscht ein dritter mit gefalteten Händen der göttlichen Botschaft. In der Figur des Hirtenknaben haben Überraschung und Freude Gestalt angenommen.

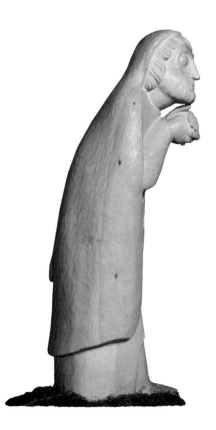

Die Verkündigung an die Hirten und ihre Ankunft in Betlehem gehen auf das Lukas-Evangelium zurück, während die Anbetung des Kindes durch die Hirten erst unter dem Einfluss der franziskanischen Frömmigkeit in Italien um die Mitte des 14. Jahrhunderts bildlich dargestellt wurde. Die Hirten als die Ärmsten des Volkes sind im Sinne des Evangelisten Lukas und besonders auch des Franz von Assisi die Auserwählten, denen der Engel die frohe Botschaft verkündet, und sie dürfen das in Armut geborene Kind als erste anschauen und verehren.

Zum Dreikönigsfest werden die kniende Maria und das Kind in der Krippe ausgetauscht durch eine sitzende Maria mit dem auf ihrem Knie stehenden Jesuskind, das mit einladender Geste die Könige und auch die Besucher der Krippe begrüßt. Der älteste König kniet vor dem Kind und hat ihm als Zeichen der

Huldigung seine Krone zu Füßen gelegt. Der zweite König ist durch eine asketische Gestalt und einen visionären Blick charakterisiert, während das Gesicht des afrikanisch anmutenden Königs Freude widerspiegelt.

Die hellen Lindenholzfiguren mit der leicht strukturierten Oberfläche sind gewachst, nur die Iris der Augen ist dunkler getönt, um die Gesichter zu beleben. So einheitlich das Erscheinungsbild der Krippe ist, so unterschiedlich sind die Figuren, von denen jede einzelne den Betrachter zum Meditieren einlädt. Maria und Josef sind in sich und in den Anblick des Kindes versunken. Die Hirten verkörpern mit ausdrucksstarker Gestik Grundhaltungen des Menschen angesichts des Weihnachtswunders. Die Drei Könige sind durch ihre Kronen, durch kunstvolle Gefäße und Schmuck gekennzeichnet. Diese Gegenstände sind ebenso wie die Köpfe und Hände detailliert ausgearbeitet. Die meist bodenlangen Gewänder sind eher schlicht gehalten und durch eine bewegtere Linienführung besonders bei den beiden jüngeren Königen aufgelockert; einzelne Gliedmaßen wie Arme und Beine zeichnen sich darunter andeutungsweise ab. Die Formgebung der sinnbildlich zu deutenden Figuren, ihre ausdrucksbetonten Gesichter und Gesten sowie die von den Gewändern verhüllten Körper erinnern an Skulpturen von Ernst Barlach.

Schwester Eberhardis Kohlstedt (1901-1992) von der Ordensgemeinschaft der Franziskanerinnen von der Buße und der christlichen Liebe in Nonnenwerth hat die Krippenfiguren im Alter von 70 Jahren geschaffen. Die aus dem Oldenburger Münsterland gebürtige Künstlerin hatte zunächst in Berlin eine Ausbildung als Kunsterzieherin erhalten. 1927 war sie in den Orden der Franziskanerinnen eingetreten und hat von 1928 bis 1945 im Kloster St. Elisabet in Trier Entwürfe für die Paramentenstickerei geschaffen. Nach einem weiteren Studium an den Kölner Werkschulen hat sie sich dann von 1958 bis 1987 in der Werkstatt für Kirchenkunst der Franziskanerinnen in Bad Honnef der Bildhauerei gewidmet. Hier sah der damalige Domsakristan Bruder Florian Hinsken während des Urlaubs die Krippe von Schwester Eberhardis, und auf seine Vermittlung wurden die Figuren zu Weihnachten 1973 erstmals im Dom zu Münster aufgestellt.

Bischof Heinrich Tenhumberg und das Domkapitel befürworteten den Ankauf der Krippe, und im Februar 1974 wurde der Künstlerin im Rahmen der jährlichen Krippenausstellung im Heimathaus Münsterland (Telgte) der „Ehrenpreis des Bischofs für vorbildliches Krippenschaffen" verliehen. Dieser Preis, 1969 von Bischof Heinrich Tenhumberg begründet, wurde 1985 von Bischof Dr. Reinhard Lettmann in Anerkennung der Verdienste seines Vorgängers um die Belebung der Weihnachtskrippe in „Bischof-Heinrich-Tenhumberg-Preis" umbenannt.

Schwester Eberhardis hatte 1973 die südliche Turmkapelle als Aufstellungsort für ihre Krippe bestimmt, und zwar unter dem damals dort hängenden Lettnerkreuz von Johann Brabender. Sie hat sich ausdrücklich für eine schlichte Landschaft ausgesprochen und ist späteren Bitten nach einer Lieferung von Ochs und Esel und weiteren Schafen nicht nachgekommen. Sie wollte den Blick des Betrachters auf das Wesentliche des Weihnachtsgeschehens lenken und empfand weitere Ergänzungen offensichtlich als überflüssig oder sogar störend. Einen Eingriff in die Konzeption der Künstlerin bedeutet der neue Stall, der für die Aufstellung der Krippe im Chor 2003 vom Hausmeister des Doms aus alten Transportkisten geschreinert worden ist. Zusammen mit den Fichten schließt er jedoch die Krippenlandschaft nach hinten ab und vermittelt auch ein Gefühl der Geborgenheit, das am früheren Standort durch die Architektur der Turmkapelle gegeben war.

Eine ähnliche Krippe wie die im Dom zu Münster hat Schwester Eberhardis für das Generalat ihrer Ordensgemeinschaft in Rom gearbeitet. Weitere Krippen von ihr stehen in St. Antonius Trier, in St. Paulus Bonn-Beuel, in der Krankenhauskapelle in Wegberg, und eine große Krippe mit bekleideten Figuren gibt es in der Karolus-Kirche in Berlin-Grunewald. Vor allem aber hat die Künstlerin größere religiöse Kunstwerke in Holz, Ton oder Bronze geschaffen: Kreuzwege, Kreuze, Madonnen und andere Einzelfiguren bzw. Figurengruppen. So bestätigt sich der Eindruck, dass die Domkrippe weniger das Werk einer Krippenkünstlerin als das einer Bildhauerin ist und dass die Figuren trotz aller krippentypischen Anschaulichkeit wie einzelne Skulpturen betrachtet werden können.

Die Krippe von Schwester Eberhardis ist höchstwahrscheinlich die erste Weihnachtskrippe, die je im Dom zu Münster aufgestellt worden ist. Der Beleg, den Dr. Franz Krins, der frühere Leiter des Museums Heimathaus Münsterland (Telgte), für das Jahr 1799 in den Akten des Domkapitels über Ausgaben „Behuf der Krippe für Nägel und Heu..." gefunden hat, bezieht sich auf die Kirche in Telgte und entfällt somit (Staatsarchiv Münster, Domkapitel Münster, Domkellnerei. Akten Nr. 1724). In den Jahresrechnungen des Doms bis 1935, in alten Küsterakten und Inventaren finden sich keine Hinweise auf eine Krippe. Für die Zeit vor und nach dem Zweiten Weltkrieg wird dies durch die Aussagen der früheren Domsakristane bestätigt. Seit Anfang der 1970er Jahre gibt es im Dom außer der Krippe von Schwester Eberhardis Kohlstedt noch ein Krippenrelief von Hans Dinnendahl (1901-1966), das zu Weihnachten in der Marienkapelle aufgestellt wird.

Der Dom hat also im Gegensatz zu den münsterschen Pfarrkirchen, für die es viele Belege gibt, in früherer Zeit keine Krippe besessen; eine Erklärung mag darin liegen, dass er keine Pfarrkirche gewesen ist. Außerdem gab es seit dem Mittelalter eine Reihe von Christgeburtsdarstellungen innerhalb und außerhalb des Domes, von denen hier nur zwei erwähnt seien. Die bedeutendsten Darstellungen zur Kindheit Jesu hat Johann Brabender geschaffen. Besonders sehenswert ist sein Dreikönigsaltar, den der Domherr Melchior von Büren vor seinem Tod im Jahr 1546 gestiftet hat. Das farbig gefasste Sandsteinrelief befindet sich seit 1989 in der nördlichen Kapelle des Chorumgangs (s. S. 15).

Nicht nur für Krippenfreunde interessant ist auch der Dreikönigsumgang an der berühmten Astronomischen Uhr. Die wahrscheinlich ebenfalls von Johann Brabender 1542 geschnitzten beweglichen Holzpuppen mit Stoffgewändern, die Krippenfiguren gleichen, umwandeln jeden Mittag um 12 Uhr auf einem Balkon oberhalb des Zifferblattes in einem mechanischen Spiel die Gottesmutter mit dem Kind auf dem Schoß und verbeugen sich vor den beiden, bevor sie mit ihren Begleitern wieder durch eine Tür verschwinden. Dazu erklingt ein Glockenspiel (s. S. 17).

Das Thema der Christgeburt ist also im Dom das ganze Jahr über präsent. Dennoch bedeutet die Aufstellung der Krippe mit ihrer auf die Weihnachtszeit begrenzten Dauer eine intensivere Vergegenwärtigung des Weihnachtsevangeliums, die den Besucher zum verweilenden Betrachten einlädt.

⑤ Liebfrauen-Überwasser

Holz, farbig getönt
10 Teile: Heilige Familie mit 4 Engelchen (ein Teil), Himmelsleiter mit 6 Engelchen
(ein Teil), 2 Hirten, Drei Könige, Ochs und Esel, Stern; außerdem 6 Schafe aus Ton
(nach 2000 hinzugefügt)
70 cm
Franz Guntermann, Münster (1882-1963)
1954-1956

Die Krippe der Liebfrauenkirche nimmt das vordere Joch des südlichen Seitenschiffes ein und wird durch zwei aneinanderstoßende Wände und eine freistehende Säule eingefangen. Die Heilige Familie ist als ein geschlossener Block gearbeitet, wodurch ihre zentrale Rolle betont wird. Maria kniet am Kopfende der kastenförmigen Lagerstatt des Kindes; der – entsprechend seiner Bedeutung – deutlich kleinere Josef hockt an der Seite. Diese strenge Komposition wird aufgelockert durch vier Engelchen, die teils musizierend das Jesuskind umgeben. Maria, die mit einem roten Kissen den Kopf des Kindes anhebt, neigt ihr Gesicht liebevoll über ihr Kind, auf das auch Josef und die zwei nächsten Engel blicken. Eine Himmelsleiter mit weiteren sechs musizierenden Engelchen vervollständigt das Bild. Dieses Motiv verweist auf Jakobs Traum in der Wüste, als dieser eine Treppe sah, die von der Erde zum Himmel reichte und auf der Engel hinauf- und hinabstiegen (Gen 28,12).

Ebenso eigenwillige wie ausdrucksstarke Figuren ergänzen das Krippengeschehen: Ochs und Esel, die mit ihrem ungewöhnlichen Lachen die Freude der Kreatur über die Ankunft des Heilandes ausdrücken, ein Hirt mit einem Lamm auf dem Arm, dem vor Staunen der Mund offen steht, und ein hingebungsvoll sein Horn blasender Hirt, bei dem man sich an einen Bläser von Ernst Barlach erinnert fühlt („Der neue Tag", 1932). Dieser so genannte Tutemann verweist auf das Mittwinterhornblasen, das bis ins 20. Jahrhundert auch aus dem westlichen Münsterland überliefert ist. Junge Männer bliesen in den Bauerschaften die mächtigen Mittwinterhörner an den Abenden der Adventszeit und insbesondere in der Christnacht auf dem Weg zur Ucht, der weihnachtlichen Frühmesse. Die Könige sind besonders beeindruckend: der vom Alter gebeugte König mit seinem ausgeprägten Profil im goldgerandeten Purpurmantel, der zweite König, der mit visionärem Blick die Göttlichkeit des Kindes und vielleicht auch schon dessen späteres Schicksal schaut, und der festlich hell gekleidete junge Mohrenkönig.

Die massiven Holzfiguren dieser Krippe sind meisterhaft geschnitzt und eigenwillig gestaltet. Der Gesamteindruck wird bestimmt durch geschlossene, kräftige Formen. Die Oberflächen sind nicht geglättet, sondern lassen deutlich das Holz erkennen und das Hohleisen, mit dem es bearbeitet worden ist. Die kräftigen Figuren mit den etwas herben oder sogar groben Gesichtern zeigen, dass es dem Künstler nicht um eine idealisierende Darstellung der menschlichen Gestalt ging, sondern um die Betonung und Übersteigerung individueller Merkmale. Das Weihnachtsgeschehen vollzieht sich unter Menschen, die aus dem Münsterland stammen könnten, in einer heimatlich anmutenden Landschaft mit einem zweigeteilten Ständerschuppen als Stall, mit Fichten, trockenen Buchenzweigen, Efeuranken, Steinen, Stroh, Mulch, Moos und Blumen, wozu auch noch ein leise plätschernder Bach und ein Hirtenfeuer gehören. Die ausdrucksstarken, individuell geprägten Figuren und die vertrauten Landschaftselemente vereinen sich zu einem Ensemble, das als westfälische Krippe viele Betrachter in ganz besonderer Weise anspricht.

Dechant Arnold Vahlhaus schreibt 1967 in seiner Schrift „Liebfrauen-Überwasser" über diese Krippe: *„In der Weihnachtszeit finden wir in der Kirche eine künstlerisch und darstellerisch wertvolle Krippe, die alle Jahre viel besucht und bewundert wird. Sie wurde in den Jahren 1954-1956 von Prof. Franz Guntermann geschaffen"* (S. 21).

Guntermann, der die Weihnachtskrippe für Liebfrauen nach dem Wiederaufbau der kriegszerstörten Kirche gearbeitet hat, wurde 1882 in Essen-Steele geboren und studierte nach einer Bildhauerlehre und der Meisterprüfung ab 1903 an der Königlichen Akademie der Bildenden Künste in München. Nach mehrjähriger Lehrtätigkeit in Dessau und Bielefeld wurde er Anfang der 1920er Jahre an die Werkkunstschule Münster berufen, die er bis zu seiner Pensionierung 1949 geleitet hat. Sein Atelierhaus befindet sich noch an der Studtstraße 31.

Guntermann arbeitete eher im traditionellen Stil, war aber offensichtlich auch dem Expressionismus gegenüber aufgeschlossen. Seine Krippe in Liebfrauen zeigt nicht nur sein künstlerisches Talent, sondern auch seine jahrzehntelange Erfahrung in der Herstellung von Weihnachtskrippen. Von ihm gibt es weitere Krippendarstellungen in Münster: eine ebenfalls sehenswerte, sehr beliebte vielfigurige Krippe in der Kirche Heilig Kreuz (vgl. S. 111), zu deren Gemeinde er gehörte; bedeutende Reste einer bekleideten Krippe aus den 1920er Jahren, die zusammen mit Figuren aus Oberammergau von 1959 in Herz Jesu seit 2005 in einer großen Krippenlandschaft aufgebaut werden (vgl. S. 126); eine Heilige Familie in St. Sebastian Nienberge (um 1932) sowie eine Hauskrippe der Familie Pinkus Müller, die in der Advents- und Weihnachtszeit in deren Gaststätte zu sehen ist. Außerhalb von Münster gibt es Krippen von Guntermann zum Beispiel in St. Elisabet Rheine, in St. Elisabet Recklinghausen und in St. Marien Lügde (bei Bad Pyrmont).

Etwa zeitgleich mit der Liebfrauen-Krippe sind die Krippen in St. Antonius (S. 96), in St. Ida Gremmendorf (S. 136) und in St. Theresia (S. 104) entstanden, die sich sehr von Guntermanns Krippen unterscheiden und jeweils ihren ganz eigenen Stil und Ausdruck haben.

Innenstadt II

Mutterhauskirche der Clemensschwestern, St. Servatii, Stadtmuseum: Neapler Krippe,
Apostelkirche

1 *Mutterhauskirche der Clemensschwestern*
Loerstraße (Zugang über das
Euthymia-Zentrum)
Telefon 26 55 - 4
Heiligabend bis Sonntag nach
Dreikönige
Mo-Sa 10-17 Uhr; So 15-17 Uhr

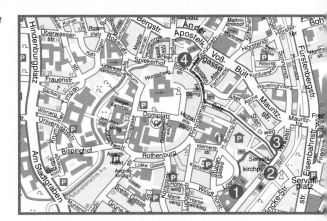

2 *St. Servatii*
Servatiikirchplatz
Telefon 4 48 93
Heiligabend bis Sonntag nach
Dreikönige
7.30-17.30 Uhr
Anbetungskirche, bitte leise sein

3 *Stadtmuseum: Neapler Krippe*
Salzstr. 28
Telefon 4 92 - 45 03
Advent bis Dreikönige
(nicht in jedem Jahr)
Di-Fr 10-18 Uhr; Sa, So 11-18 Uhr

4 *Apostelkirche*
Neubrückenstraße
Telefon 48 44 90 44
Heiligabend bis Sonntag nach
Dreikönige
9-16.30 Uhr

❶ Mutterhauskirche der Clemensschwestern

Holz, farbig gefasst; bekleidet
9 Figuren: Heilige Familie, 2 Hirten, Drei Könige, Kameltreiber; außerdem Tiere
aus Gips: Ochs und Esel, 10 Schafe, Kamel (Ochs und Kamel bezeichnet mit „EGD":
Firma Emil Göbel, Drolshagen)
60 cm
Warendorfer Holzgliederfiguren
Möglicherweise um 1855

Abgesehen von der Neapler Krippe im Stadtmuseum ist die Krippe in der Mutterhauskirche der Clemensschwestern die älteste Weihnachtskrippe in Münster. Vor einem stallähnlichen Unterstand aus Brettern, Birkenstämmen und einem Strohdach
wird die Heilige Familie aufgebaut, zusammen mit zwei Hirten, mit Ochs und Esel und
den Schafen.

Maria trägt ein blaues Kleid unter einem blauen Mantel. Josef in hellem Gewand und
brauner Schärpe hält noch seinen Wanderstab, den er auf dem Weg von Nazaret nach

Betlehem benutzt hat und für die Flucht nach Ägypten brauchen wird. Beide schauen auf das weiß gekleidete Kind, das in einer strohgefüllten Krippe liegt, die Ähren verweisen auf das Altarssakrament. Zwei jugendliche Hirten mit blonden Haaren und Bärten nähern sich und beten das Kind an. Zum Fest der Erscheinung des Herrn (6. Januar) präsentiert Maria das göttliche Kind den Königen, die mit einem Kamel und einem Diener dem Stern bis zum Stall von Betlehem gefolgt sind.

Während die geöffneten Hände der Figuren (bis auf die rechte Hand Josefs) steif und gleichförmig wirken, sind die Gesichter und auch die Haare und Bärte ungewöhnlich gut gearbeitet. Besonders liebenswürdig erscheint das Kind selbst, das mit seinem runden Köpfchen und dem feinen Gesicht mit den roten Wangen an ein kleines Bauernkind erinnert. Die beiden Hirten betrachten es mit großen Augen; sie repräsentieren hier nicht die verschiedenen Lebensalter – vielleicht weil die anderen Hirten nicht mehr erhalten sind – , aber sie stehen doch für die ärmsten Menschen, die an erster Stelle durch die Geburt des Heilandes getröstet werden. Mit großen, offenen Augen nahen auch die Könige, von denen der besonders eindrucksvolle älteste bereits auf die Knie gesunken ist. Die Bekleidung der Figuren wird von den Schwestern gestaltet und kann variieren.

Der Krippe liegt ein maschinenschriftlicher Text bei, nach dem die Figuren um 1855 im Auftrag des Fabrikanten Th. Hassenkamp, Warendorf, im Waisenhaus zu Warendorf geschnitzt wurden und später durch Heirat in den Besitz der Familie Hunkemöller, ebenfalls Warendorf, gelangten; um 1950 wurde die Krippe den Franziskanern in Warendorf geschenkt, die sie an das Kreiskrankenhaus weiter gaben, in dem Clemensschwestern für die Pflege zuständig waren. In der dortigen Kapelle stand die Krippe in der Weihnachtszeit bis zur Auflösung des Hauses im Jahre 1959 und gelangte danach ins Mutterhaus der Clemensschwestern nach Münster.

Der erste Teil des Textes ist ein Zitat aus der „Weihnachtskrippe" von 1936 (S. 26 f.); dort ist allerdings eine bisher nicht identifizierte Krippe abgebildet und nicht die Krippe der Clemensschwestern. Derselbe Text wird auch einer kleineren, weniger kunstvollen Warendorfer Krippe zugeordnet, die im Telgter Krippenmuseum zu sehen ist, die allerdings auch nicht zu der Abbildung passt.

Insgesamt entsprechen die Figuren dieser Krippe noch nicht so sehr dem historisierenden Stil der Krippen von St. Ludgeri und St. Martini. Insofern mag die Zeitangabe „um 1855" für die Entstehung der Krippe zutreffen; die meisterhaft gearbeiteten Köpfe lassen jedoch eher einen ausgebildeten Bildhauer als Hersteller vermuten und nicht die Werkstatt eines Waisenhauses. Dort könnten am ehesten die unter der Kleidung verborgenen, recht grob gearbeiteten, mit Scharnier- und Drehgelenken versehenen Körper entstanden sein, die den Figuren ihre Beweglichkeit geben und verschiedene Körperhaltungen ermöglichen.

Die Warendorfer Krippenfiguren, die vor dem Zweiten Weltkrieg in der Clemenskirche aufgebaut wurden und die heute noch zum größten Teil zum Bestand der Krippe des Clemenshospitals gehören (S. 88), sind stärker vom Nazarenerstil geprägt als die der Krippe der Mutterhauskirche – vermutlich entstanden sie etwas später und auch in einer anderen Werkstatt.

Polychromierte Gipskopie eines Reliefs aus dem spätgotischen geschnitzten Marienaltar
(1506-1508) in St. Nicolai Kalkar
Breite 65 cm, Höhe 68 cm
Heinrich Haas, Polychromeur und Gipsformer, Kleve
1896; in St. Servatii seit Anfang der 1950er Jahre

Anstelle einer Weihnachtskrippe wird in St. Servatii auf dem rechten Seitenaltar ein polychromiertes, also flächendeckend farbig bemaltes Gipsrelief mit der Geburt Christi aufgestellt. Das kleine Kunstwerk ist detailreich und lädt zum genauen Hinschauen ein. Vor einer goldfarbenen ruinenhaften Palastarchitektur zwischen zwei zerbroche-nen Säulen links und rechts kniet Maria und betet zusammen mit drei knienden Engeln das nackt auf dem Boden liegende Kind an. Ihre langen goldenen Locken sind wie der weiße Schleier Zeichen ihrer Jungfräulichkeit. Das Gewand ist üppig und faltenreich: Das lange Kleid ist rot und mit Gold verziert, der überlange goldene Mantel hat eine blaue Innenseite, auf der das Kind liegt. Auch die Engel tragen kostbar wirkende Kleider. Vor der rückwärtigen Wand stehen Ochs und Esel. Rechts tritt durch eine Tür mit einem Rundbogen nachdenklich schauend Josef herein mit einer Kerze in seiner rechten Hand. Ein Bürger aus Betlehem und ein Hirte spähen ehrfürchtig und neugierig durch ein zweifaches Rundbogenfenster und über eine Mauerlücke hinweg. Links im Hintergrund erkennt man die Verkündigungswiese mit Schafen und einem auf der Sackpfeife spielenden Hirten.

Die motivische Gestaltung des Reliefs – das Kind liegt nicht in Windeln gewickelt in einer Krippe, sondern nackt auf dem Boden und wird von seiner Mutter verehrt – geht zurück auf eine Vision der heiligen Birgitta (1303-1373). Die schwedische Mystikerin und Ordensgründerin war ein Jahr vor ihrem Tod in das Heilige Land gepilgert und erlebte an den heiligen Stätten Visionen zu Ereignissen aus dem Leben Jesu, die sie kurz vor ihrem Tod niederschrieb und die bald in Europa verbreitet wurden. Zur Geburt Jesu heißt es: *„Als ich bei der Krippe meines Herrn in Bethlehem war, sah ich eine Jungfrau von wunderbarer Schönheit, die in einen weißen Mantel und eine feine Tunika gehüllt war. Es war auch ein alter, ehrwürdiger Mann anwesend, und sie hatten einen Ochsen und einen Esel. Sie traten in eine Höhle; nachdem der Greis die Tiere an die Krippe gebunden hatte, ging er hinaus und brachte der Jungfrau eine brennende Kerze. Er befestigte die Kerze an der Wand und ging fort, um bei der Geburt nicht anwesend zu sein. Die Jungfrau legte Schuhe und Mantel ab, nahm auch den Schleier von ihrem Kopf und legte ihn neben sich. So war sie nur mit der Tunika bekleidet; ihr schönes goldenes Haar fiel lose auf ihre Schultern [...] Während sie so im Gebet war, sah ich, wie sich das Kind in ihrem Leibe bewegte, und plötzlich, in einem einzigen Augenblick, gebar sie den Sohn, von dem ein solch unsagbares Licht ausstrahlte, daß nicht einmal die Sonne damit zu vergleichen war, noch viel weniger die Kerze, die Josef aufgestellt hatte, einen Schein gab. Das göttliche Licht überstrahlte völlig den irdischen Kerzenschein. So plötzlich und augenblicklich war diese Geburt, dass ich nicht wahrnehmen konnte, auf welche Weise sie geschah; sogleich sah ich jenes glorreiche Kind nackt und leuchtend auf der Erde liegend. Sein Leib war frei von jeder Befleckung. Ich hörte auch den lieblichen Gesang der Engel. Als die Jungfrau fühlte, daß sie schon geboren hatte, neigte sie das Haupt, faltete die Hände und betete den Knaben mit großer Ehrfurcht an. Sie sprach zu ihm: Sei willkommen, mein Gott, mein Herr und mein Sohn"* (nach Schiller, S. 89).

Die Vision Birgittas hat das Weihnachtsbild des ganzen 15. Jahrhunderts nachhaltig beeinflusst. Ein besonders bekanntes Beispiel ist die Anbetung des Kindes durch Maria und die Engel von Meister Francke aus dem Thomas-Altar in Hamburg (1424-

1436; heute in der Hamburger Kunsthalle). Auch das Fragment „Die Engel beten das Jesuskind an" aus dem Hochaltar des Benediktinerklosters Liesborn (nach 1465), das im LWL-Landesmuseum für Kunst und Kulturgeschichte ausgestellt ist, zeigt das göttliche Kind unbekleidet in seiner menschlichen Bedürftigkeit inmitten eines goldenen Strahlenkranzes auf dem Boden liegend. Ein weiteres Beispiel ist das Christgeburtsbild über der Brautpforte an St. Lamberti; das verwitterte Original befindet sich in der Sakramentskapelle.

Einen Hinweis auf die Herkunft des Weihnachtsreliefs in der St.-Servatii-Kirche gibt die Bezeichnung auf dem unteren Rand: *„Eigentum H. Haas. Cleve 1896"*. Heinrich Haas war ein bekannter Polychromeur und Gipsformer in Kleve gewesen, der Figuren und Altäre der niederrheinischen Kirchen restaurierte und auch bedeutende Einzelstücke und Altargruppen in Gips nachformte. Das Weihnachtsrelief in St. Servatii ist ein solcher Gipsabguss, und zwar von einem der zehn Reliefs aus dem geschnitzten gotischen Marienaltar (1506-1508) in St. Nicolai Kalkar von Ludwig Jupan aus Marburg. Dieser Altar ist allerdings ungefasst, also nicht farbig und golden wie die Gipskopie aus der historisierenden Stilepoche vor und um 1900.

Nachdem die im Zweiten Weltkrieg zerstörte St.-Servatii-Kirche wieder aufgebaut worden war, wurde das Relief hier Anfang der 1950er Jahre erstmals aufgestellt. Der damalige Rektor der Kirche Prälat Joseph Leufgens stammte aus dem Kreis Kleve, zu dem auch Kalkar gehört. Aus seinem persönlichen Besitz oder aber über seine Vermittlung ist das ungewöhnliche Weihnachtsrelief in das Eigentum der Kirche übergegangen.

③ Stadtmuseum: Neapler Krippe

Neapler Krippenfiguren: Terrakotta und Holz, farbig gefasst; bekleidet
17 Figuren: Heilige Familie, Verkündigungsengel, 2 Hirten, Wirt, Musikant,
3 Frauen, Drei Könige, 2 Orientalen, Mohrenknabe; außerdem zweites Jesuskind,
9 Gloriaengelchen, 5 Schafe, Lamm, Ziege, Katze sowie viele kleine Ausstattungsstücke
30 cm
Verschiedene Neapler Künstler
2. Hälfte des 18. Jahrhunderts
1978 erstmals in der Clemenskirche aufgestellt, seit 2000 im Stadtmuseum
Landschaftsprospekt: Michel Moscato 2000

Die Neapler Krippe, die seit dem Jahr 2000 zur Advents- und Weihnachtszeit im Stadtmuseum in einer großen Vitrine vor einem Landschaftsprospekt mit dem Golf von Neapel aufgestellt wird, erstaunt den Betrachter durch die naturgetreue, lebendi-

ge Gestaltung der meisterhaft bekleideten Figuren und die höchst realistische minia-
turhafte Ausstattung des dargestellten Geschehens. Wie bei den Neapler Krippen üblich, werden mehrere Szenen gleichzeitig gezeigt: die Heilige Familie in einer antiken
Ruine mit Säulen und darüber eine Engelsgloriole aus schwebenden Putten, die Ankunft der Hirten, die Huldigung der Drei Könige und schließlich als typisches Neapler
Motiv die Herberge mit Wirt und Gästen, darunter auch zwei morgenländisch gekleidete so genannte Orientalen aus dem Gefolge der Könige. Der zu einer Neapler Krippe
gehörende schwebende Verkündigungsengel mit dem Weihrauchfass bezeugt ebenso
wie die Engelsgloriole und die kostbar gewandeten Könige die göttliche Herkunft des
Kindes.

Die rund 30 cm großen Figuren sind höchst kunstvoll gearbeitet und das Werk vieler
geübter Spezialisten. Größte Meisterschaft erforderte das Modellieren der aus Ton geformten Köpfe, deren Haltung durch den Brust- und Nackenansatz festgelegt wurde.
Nach dem Brennen wurden die Köpfe mit Glasaugen versehen und von eigens dafür
ausgebildeten Fassmalern bearbeitet, die auch die aus Holz geschnitzten Arme und
Hände passend zum Kopf bemalten. Die Beine und Füße wurden, soweit sie unbekleidet waren, ebenfalls aus Holz geschnitzt und farbig gefasst. Die Fußsohlen erhielten
Löcher, mit denen die Figuren auf Stifte gestellt werden können. Der Körper wurde
aus Draht, Werg und Stoff zu einer plastischen Form mit biegsamen Gliedern gestaltet. Wieder andere Spezialisten sorgten für die Bekleidung. Die fein gewebten, zierlich
gemusterten Leinen- und Seidenstoffe, winzige Spitzen, Bänder, Haken und Knöpfe
wurden in besonderen Manufakturen hergestellt und dann zu italienischen und orien-
talisierenden Trachten des 18. Jahrhunderts verarbeitet. Die Tiere wurden meist aus
Terrakotta modelliert und nach dem Brennen farbig gefasst. Ein Zeitgenosse der Neapler Krippenkünstler hat festgehalten, was ein verständiger Krippenbauer von den
Figuren erwartete: Sie sollten schön und natürlich wirken und Menschen verschiedenen Charakters und Alters darstellen; die Engel sollten von himmlischer Schönheit
sein und das Heilige Paar den Betrachter zur höchsten Andacht stimmen.

Die Figuren wirken durch ihren Gesichtsausdruck, die betonte Gestik und die bis ins
Detail imitierten Trachten äußerst lebensecht. Bei den Frauen gehört dazu auch das
gefaltete Tuch auf dem Kopf und die eckige Schürze. Der Eindruck der Naturtreue
wird durch die in die Landschaft einbezogene Architektur und eine Fülle miniatur-
hafter Ausstattungsstücke weiter verstärkt. Die Säulenreste, ein beliebtes Requisit
Neapler Krippen, betonen das Besondere des Geschehens, können aber auch als Zeichen für den Verfall der antiken heidnischen Welt verstanden werden, während die
Herberge den Hintergrund für eine bunte Neapler Volksszene bildet. Dazu gehören
auch die vielen kleinen Gerätschaften: Körbe voll Obst, Krüge, Flaschen, Geschirr und

verschiedenste Esswaren. Auch die Geschenke und Mitbringsel der Könige, meist echte Gold- und Silberschmiedearbeiten, zählen zu diesen so genannten Finimenti. Der Musikant mit dem verträumten Gesichtsausdruck und dem zierlichen Instrument ist ein Vertreter der in den Neapler Krippen beliebten Musikergruppen.

So finden sich in dieser Krippe alle wesentlichen Elemente, die zu einer Neapler Krippe gehören; allerdings waren diese während ihrer Blütezeit im 18. Jahrhundert sehr viel umfangreicher. Aus zeitgenössischen Reiseberichten geht hervor, dass sich die Krippen in manchen Häusern in einer Reihe bunt abwechselnder Szenen durch die Zimmer eines ganzen Stockwerks erstreckten und dass die ausgedehnten Landschaften mit Bergen und Tälern, Wäldern, Felsen und Bächen von 150 bis 200 Figuren bevölkert wurden.

Auch Goethe wusste um die Besonderheit der Neapler Krippen, und obgleich er sie auf seiner Italienreise im Mai nicht selbst sehen konnte, beschreibt er sie auf treffende Weise: *„Hier ist der Ort, noch einer anderen entschiedenen Liebhaberei der Neapolitaner zu gedenken. Es sind die Krippchen (presepe), die man zu Weihnachten in allen Kirchen sieht, eigentlich die Anbetung der Hirten, Engel und Könige vorstellend, mehr oder weniger vollständig, reich und kostbar zusammen gruppiert. Die Darstellung ist in dem heitern Neapel bis auf die flachen Hausdächer gestiegen; dort wird ein leichtes, hüttenartiges Gerüst erbaut, mit immergrünen Bäumen und Sträuchern aufgeschmückt. Die Mutter Gottes, das Kind und die sämtlichen Umstehenden und Umschwebenden, kostbar ausgeputzt, auf welche Garderobe das Haus große Summen verwendet. Was aber das Ganze unnachahmlich verherrlicht, ist der Hintergrund, welcher den Vesuv mit seinen Umgebungen einfasst"* (Johann Wolfgang von Goethe, Italienische Reise. 27. Mai 1787).

Durch eine geschickte perspektivische Anordnung erlebte der Betrachter im Idealfall die Landschaft der Krippe als einen Teil der natürlichen Umgebung Neapels und konnte sich ganz dem Eindruck der Gegenwärtigkeit des heiligen Geschehens hingeben und sich als ein Teil davon fühlen.

Dass die Neapler Krippen den Rang von Kunstwerken erreichten, liegt daran, dass der Krippenbau besonders an den Adelshöfen und in reichen Bürgerhäusern gepflegt wurde, wo hohe Ansprüche ohne Rücksicht auf finanzielle Mittel verwirklicht werden konnten. Vor allem förderte Karl III., der das Königreich Neapel-Sizilien von 1735-1759 regierte, den Brauch des Krippenbauens, indem er sich selbst dieser Aufgabe widmete und darüber hinaus bedeutende Künstler mit der Herstellung von Krippenfiguren beauftragte.

Nachdem das Krippenbrauchtum in Neapel nicht mehr so sehr inneres Anliegen war und eher als äußere Form der Frömmigkeit gepflegt wurde, wurden Sammler auf den Kunstwert der Figuren aufmerksam. So hat gegen Ende des 19. Jahrhunderts der Münchener Kommerzienrat Max Schmederer, selbst ein begeisterter Krippenbauer, die bedeutendste Sammlung Neapler Krippenfiguren zusammengetragen und diese nebst seiner Sammlung süddeutscher und österreichischer Krippen 1892 dem Bayerischen Nationalmuseum in München geschenkt, wo sie heute noch zu sehen sind.

Auch die Neapler Krippe im Münsteraner Stadtmuseum ist das Ergebnis einer engagierten privaten Sammlertätigkeit. Der Hamburger Kaufmann Erich Grimm (1903-1989), der während des Nationalsozialismus längere Zeit in Rom gelebt hatte, hat die verschiedenen Figuren, Tiere und Finimenti mit sicherer Kenntnis und viel Geduld über vierzig Jahre hinweg nach und nach gesammelt. Dabei hat er sich nach dem Vorbild der Schmedererschen Neapler Krippen gerichtet, die er zusammen mit seiner Schwester regelmäßig im Bayerischen Nationalmuseum besucht hat. Ein Landschaftsprospekt, Gebäude und Möbel wurden von ihm selbst erstellt. 1978 hat Grimm seine Krippe auf Vermittlung einer Mitarbeiterin des Landesdenkmalamtes dem Landschaftsverband Westfalen-Lippe geschenkt mit der Auflage, dass sie – solange es konservatorisch zu vertreten sei – in der Weihnachtszeit in der wieder aufgebauten barocken Clemenskirche aufgestellt werden sollte, die er als idealen Ort für die Präsentation seiner aus derselben Epoche stammenden Krippe empfand.

Nachdem 1982 bereits neun Figuren restauriert werden konnten, hat der Landschaftsverband Westfalen-Lippe im Jahr 2000 die Krippe als Leihgabe dem Stadtmuseum übergeben, um die notwendige weitere Restaurierung und Pflege sowie die sichere Präsentation der kostbaren Figuren auf Dauer zu gewährleisten. Inzwischen sind alle Figuren restauriert, und es wurde eine größere Landschaft unter Einbeziehung der von Grimm geschaffenen Architekturelemente gebaut; Michel Moscato malte dazu einen neuen Prospekt des Golfs von Neapel mit dem Vesuv als Hintergrund.

Auch wenn die Neapler Krippe entgegen dem ursprünglichen Wunsch des großherzigen Stifters nicht mehr in der barocken Clemenskirche, sondern im Stadtmuseum zu sehen ist, ergänzt sie auf eine besonders glückliche Weise die reiche und vielfältige Krippentradition der Stadt Münster.

Apostelkirche 4

Holz, gewachst
8 Figuren: Maria mit Kind, Josef, 3 Hirten, Drei Könige; außerdem Ochs und Esel,
6 Schafe
40 cm
Firma Wagner, Oberammergau
Um 1950 und um 1960 (Könige); Ochs und Esel, 3 Schafe 2004

Die Weihnachtskrippe der Apostelkirche wird vor dem rechten Seitenaltar aufgebaut.
Die schlichte Landschaft aus Torf, Sand, Steinen, Stroh und einem Stall lenkt den
Blick vor allem auf die im traditionellen Oberammergauer Stil geschnitzten, gewachs-
ten Holzfiguren, die bis zu 40 cm groß sind. Die Krippe umfasst alle Figuren, die für
eine klassische Aufstellung in zwei verschiedenen Bildern, zum Weihnachts- und zum
Dreikönigsfest, wichtig sind.

Auf einem Sockel mit angedeutetem Stroh kniet die zierliche Maria vor dem lieblichen Kind in der Krippe, das sie mit einem Tuch schützend und zugleich präsentierend umfängt. Josef schaut von links auf das Kind hinunter. Er hat die Hände nicht gefaltet, trägt auch keine Laterne oder Kerze noch einen Wanderstab, sondern er hält – eher mit der Geste eines Hirten – seinen Hut in einer ehrfürchtigen Gebärde mit beiden Händen vor der rechten Seite. Zwei Hirten, ein älterer mit einem Hut in der Hand, ein jüngerer mit Hut und Stab in der einen und einem Lamm in der anderen Hand, sind zum Gebet auf die Knie gefallen; ein dritter naht mit einem Stock und einem Beutel.

Die Gruppe der Könige unterscheidet sich von den eher traditionell aufgefassten Hirten durch einen schlichteren Faltenwurf der Gewänder. Der älteste kniet und zeigt dem Kind sein Geschenk, ein geöffnetes Kästchen mit Gold. Der zweite König, schmal und hoch aufgerichtet, erscheint ähnlich wie in der Dom- und der Liebfrauenkrippe auch hier als asketischer Visionär; er ist in seine Gedanken versunken, während der schwarze König sich mit unbefangener Neugierde nach vorn beugt.

Die dezente Landschaft und die Art der Figuren sind durchaus typisch für andere evangelische Kirchenkrippen in Münster. Neben den voll geschnitzten Holzkrippen wie in der Apostelkirche gibt es dort auch auffallend viele Tonkrippen, und zwar sowohl gekaufte als auch selbst getöpferte.

Die Weihnachtskrippe in der Apostelkirche nimmt insofern eine Sonderstellung ein, als sie nach bisherigem Kenntnisstand die erste Krippe ist, die in einer evangelischen Kirche in Münster aufgebaut worden ist. Nachdem die erste Phase des Wiederaufbaus der im Krieg zerstörten Kirche abgeschlossen war, wurde nach Auskunft der Tochter des damaligen Pfarrers die Krippe Anfang der 1950er Jahre angeschafft. Weder das Durchsehen der alten Pfarramtskalender noch die Befragung früherer Presbyter haben zu einer genaueren Datierung geführt.

Es ist gut möglich, dass der Anstoß für die Anschaffung der Krippe von dem damaligen Pfarrer der Apostelkirche Walter Drobnitzky (1948-1969) ausgegangen ist, der selbst aus Schlesien stammte und dessen Frau aus dem Minden-Ravensberger Land kam. Die Ehepartner hatten beide in ihren Familien die Weihnachtskrippe als lebendiges Brauchtum erlebt. Beide waren in evangelischen Gegenden aufgewachsen, wo der Aufbau einer Krippe sowohl in den Familien als auch in den Gotteshäusern traditionell zum Weihnachtsfest gehörte.

Sigrid Nagy hat überzeugend dargelegt, dass neben dem Krippenbrauchtum, das sich seit der Barockzeit in den katholisch geprägten Ländern und Landschaften entwickelt hat, seit dem frühen 19. Jahrhundert eine eigenständige protestantische Krippentradition in Nord-, Mittel- und Ostdeutschland entstanden ist. Diese evangelische Krippenbewegung, die sich auf Martin Luthers Wort *„Die Bibel ist die Krippe, in der das Christkind liegt"* und auf das Lied Paul Gerhardts *„Ich steh an deiner Krippe hier, o Jesu, du mein Leben"* zurückbeziehen kann, ist durch eine Fülle von schriftlichen Berichten belegt. Bekannt ist die Beschreibung des Heiligabends in Thomas Manns Roman „Die Buddenbrooks". Mittelpunkt des Saales war der mit Kerzen, Silberflittern und weißen Lilien geschmückte, zimmerhohe Tannenbaum mit einem *„schimmernden Engel an seiner Spitze und [einem] plastische[n] Krippenarrangement zu seinen Füßen"*. Die Festgesellschaft *„defilierte an der Krippe vorbei, in der ein wächsernes Jesuskind das Kreuzeszeichen zu machen schien"*.

Auch viele andere evangelische Schriftsteller, Philosophen, Theologen und Künstler berichten im 19. und auch noch im 20. Jahrhundert über Weihnachtskrippen in den Familien und Kirchen, so Theodor Storm, Theodor Fontane (zum Beispiel in „Unwiederbringlich" und „Effie Briest"), Gertrud Bäumer und Rudolf Alexander Schröder. 1859 schreibt der junge Friedrich Nietzsche, der in einem Pfarrhaus bei Lützen (südwestlich von Leipzig) geboren wurde, in seinen Kindheitserinnerungen: *„Wie herrlich steht der Tannenbaum, dessen Spitze ein Engel ziert, vor uns, hindeutend auf den Stammbaum Christi, dessen Krone der Herr selbst war. Wie hell strahlt der Lichter Menge, sinnbildlich das durch die Geburt Jesu erzeugte Hellerwerden unter den Men-*

schen vorstellend. Wie verlockend lachen uns die rotwangigen Äpfel an, an die Vertrei-bung aus dem Paradies erinnernd! Und siehe! An der Wurzel des Baumes, das Christ-kindlein in der Krippe, umgeben von Josef und Maria und den anbetenden Hirten! Wie doch jene den Blick voll inniger Zuversicht auf das Kindlein werfen! Möchten doch auch wir uns so ganz dem Herrn hingeben."

Selbst im deutschen Kaiserhaus, das sich zum calvinistisch-reformierten Glauben bekannte, gehörte der Krippenbau zum Weihnachtsfest. Durch die Erweckungsbewe-gungen und die daraus hervorgegangene Innere Mission fand die Weihnachtskrippe im 19. Jahrhundert dann auch in einfachen Volksschichten eine weite Verbreitung. In den Vereinssälen und öffentlichen Häusern der Inneren Mission, in den Kapellen und Kirchen ihrer wohltätigen Einrichtungen bildeten die Krippenaufbauten den Mittel-punkt der Weihnachtsfeiern. So wurde bereits 1833 zum ersten Weihnachtsfest in dem von Johann Heinrich Wichern gegründeten Rauhen Haus in Horn bei Hamburg eine große Krippe aufgebaut. In den Züllchower Anstalten bei Stettin, die 1858 von Gustav Jahn übernommen worden waren, wurden neben anderen Weihnachtsar-tikeln auch Krippen aus Papiermaché produziert, von denen zum Beispiel 1860/61 1000 Stück in alle Teile Deutschlands versandt wurden. Die beliebten Züllchower Krippen standen in unzähligen evangelischen Anstalten, Kirchen und Familien.

Kennzeichnend für die Bedeutung der protestantischen Krippenbewegung ist auch, dass die ersten Krippenvereine in Deutschland bereits im letzten Viertel des 19. Jahr-hunderts im überwiegend evangelisch geprägten Erzgebirge gegründet wurden, wäh-rend auf katholischer Seite der Bayerische Krippenverein erst im Jahr 1917 entstand; 1921 gründeten sich der Westfälische und 1923 der Rheinische Krippenverein, die sich 1925 zur Landesgemeinschaft der Krippenfreunde in Rheinland und Westfalen zusammenschlossen.

War die Weihnachtskrippe der Apostelkirche die erste Krippe, die nach dem Zweiten Weltkrieg in einer evangelischen Kirche aufgebaut wurde, so folgten in den kommen-den Jahrzehnten auch andere evangelische Gemeinden diesem Beispiel, sodass gegen Ende des 20. Jahrhunderts fast ausnahmslos in jeder evangelischen Kirche in Münster zum Weihnachtsfest eine Krippe aufgebaut wurde. Zu dieser Entwicklung haben möglicherweise auch die neu in den Gemeinden angesiedelten Flüchtlinge und Ver-triebenen aus den evangelischen Gegenden Mittel- und Ostdeutschlands beigetragen, denen das Krippenbrauchtum aus ihrer Heimat vertraut war.

Süden

Heilig Geist, Gnadenkirche, Clemenshospital, St. Clemens Hiltrup

❶ *Heilig Geist*
Metzer Straße
Telefon 9 74 11 0
Heiligabend bis Sonntag
nach Dreikönige
sonn-und feiertags 15-18 Uhr,
zu den Gottesdienstzeiten
und nach Rücksprache

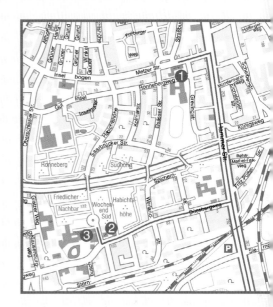

❷ *Gnadenkirche*
Düesbergweg
Telefon 78 03 80
Heiligabend bis etwa Mitte Januar
Mo-Sa 10-16 Uhr; So 9-12 Uhr

❸ *Clemenshospital*
Düesbergweg 124
Telefon 9 76 - 0
Woche vor Heiligabend bis 2. Februar
8-18 Uhr; Gottesdienste So 10 Uhr,
Mo-Sa 18 Uhr

❹ *St. Clemens Hiltrup*
Hohe Geest
Telefon (0 25 01) 9 10 30 - 0
Heiligabend bis Sonntag nach Dreikönige
10-18 Uhr

① Heilig Geist

Holz, farbig lasiert, gewachst
27 Teile: Heilige Familie (ein Teil), 3 Engel, 9 Hirtenfiguren/Hirtengruppen,
Drei Könige; Ochs und Esel, 5 Schafe/Schafgruppen, Hund, Kamel mit einem Knaben,
Stern, Hirtenfeuer
Hans Wehrenberg, Münster (1909-2002)
1932; um 1975 zehn Figuren erneuert (Auskunft H. Wehrenberg)

Die im Stil der Neuen Sachlichkeit 1929 fertig gestellte Pfarrkirche verdankt ihr ungewöhnliches Patrozinium dem Namen der Bauerschaft „Die Geest" oder „Die Geist",
wie das „Geistviertel" auch heute noch genannt wird. 1932, also drei Jahre nach der
Kirchweihe, wurde diese figurenreiche, erzählfreudige Krippe des damals 23-jährigen
Münsteraner Bildhauers Hans Wehrenberg erworben. In einer Zeit, als in den Kunst-
handlungen noch die idealisierenden farbigen Gipskrippen angeboten wurden, entschied man sich für eine moderne, von einem einheimischen Bildhauer geschnitzte
Holzkrippe, deren Figuren eher der Realität des ländlich-bäuerlichen Lebens und der
westfälischen Landschaft entsprachen.

Die Krippenfiguren sind aus Lindenholz geschnitzt, dezent farbig lasiert und gewachst. Die Heilige Familie besteht aus einem geschlossenen Block. Der junge Josef mit andächtig geneigtem Kopf umfängt schützend mit seinem Mantel das Kind und seine Mutter, die seitlich neben der Krippe hockt und es anbetet. Ein Gefühl von Innigkeit und Geborgenheit geht von dieser zentralen Gruppe aus, die sich unter einem Schutzdach mit zwei schwebenden Engeln befindet. Wie behutsame Wächter liegen Ochs und Esel zu beiden Seiten auf dem Stroh.

Auf dem Rasen vor dem Stall haben sich viele Hirten eingefunden, die einzeln oder in Gruppen den Worten des Verkündigungsengels lauschen, ihn anstaunen oder bereits bei der Krippe angelangt sind. Neben wenigen älteren gibt es vor allem jüngere Hirten und musizierende Kinder sowie eine Frau mit einem Kind, das einen Hahn im Arm trägt. Ein älterer Hirte mit Hut und Schnupftuch hält eine Pfeife und einen Knotenstock; ein Schweinchen läuft neben ihm her. Ein Junge kommt mit einem Ährenbündel, ein anderer mit einem Lamm im Rucksack. Verwundert naht ein Gänsejunge, der sein Hütchen festhält und mit der Rute vier Gänse oder Enten neben sich her treibt.

Während die Heilige Familie deutlich idealisierende Züge trägt, sind die Hirtenfiguren je nach Alter und Typ individueller und realitätsnäher mit vielen anschaulichen Details gearbeitet. Die Kleidung und die Zutaten, vor allem auch die Holzschuhe, spiegeln das ländliche Leben wider, zu dem ebenfalls die vielen Schafe und der Hund gehören. Nach der für diese Krippe typischen Hirtenverkündigung und -anbetung werden die Figuren zum Fest der Erscheinung des Herrn umgestellt und dann durch die Könige und das Kamel mit einem schlafenden Kameljungen ergänzt.

Die liebenswerten, ausdrucksstarken Figuren werden rechts vor dem Chor in einer illusionsstiftenden passenden Landschaft aufgebaut, mit Fichten als Hintergrund und auf einem frischen Rasenteppich, durch den ein Kiesweg zur Krippe führt. Seit 1990 besorgt die Küsterfamilie den Unterbau der Krippe und den Aufbau der Landschaft; dazu werden die Rasensoden aus dem Garten des Pfarrers entliehen. Die Figuren selbst werden zum Fest vom Pfarrer und dem Liturgieausschuss in der Landschaft platziert. Das Gremium überlegt auch das jeweilige Thema, das die Gottesdienste und Predigten der Advents- und Weihnachtszeit begleitet. Außerhalb der Gottesdienste ist die Kirche nur nachmittags an den Sonn- und Feiertagen geöffnet, wenn ein Krippenteam in der Kirche Wache hält.

Nach dem Abbau der Krippe in der zweiten oder dritten Januarwoche sind die Figuren das Jahr über zu Gast in verschiedenen Familien der Gemeinde, bis sie sich zum nächsten Weihnachtsfest wieder an der Krippe einfinden.

Die Weihnachtskrippe der Heilig-Geist-Kirche war die erste, die der junge Künstler Hans Wehrenberg für eine Kirche geschaffen hat. Sie wurde damals als volkstümliche münsterländische oder westfälische Krippe vielfach gelobt und bewundert, was man auch heute noch gut nachvollziehen kann.

Der 1909 in Essen geborene Hans Wehrenberg hatte zunächst eine handwerkliche Ausbildung als Stein- und Holzbildhauer in zwei Münsteraner Werkstätten erhalten, bevor er sechs Semester an der Werkkunstschule bei Professor Franz Guntermann studierte, der selbst viele Krippen gestaltet hat, und dann dessen Meisterschüler wurde. Er hat vor allem – entsprechend der Nachfrage – kirchlich religiöse Kunst geschaffen: Kruzifixe, Kreuzwege, Marien-, Engel- und Heiligenfiguren sowie viele Weihnachtskrippen.

Von 1940 bis 1950 war Wehrenberg im Krieg und in russischer Gefangenschaft. Nach seiner Rückkehr erhielt er weitere Aufträge für Weihnachtskrippen: Die Missionsschwestern vom Heiligsten Herzen Jesu in Hiltrup erwarben für ihre Mutterhauskirche 1950 eine große Heilige Familie; eine kleinere Ausfertigung kauften die Franziskanerinnen Anfang der 1950er Jahre, sie wird heute im Seniorenzentrum Haus Maria Trost aufgebaut. Für die Krippe in St. Clemens Hiltrup, die er bereits 1938/39 geschaffen hatte, konnte er nach 1950 die Figuren zum Dreikönigsfest arbeiten (S. 92). Auch die bekleideten Krippenfiguren im Missionshaus der Hiltruper Missionare hatte er schon zwischen 1935 und 1940 gemacht. An verschiedenen Orten im Münsterland gibt es weitere Krippen von ihm, darunter in St. Georg in Hohenholte eine ähnliche wie in Heilig Geist.

Viele Münsteraner kennen den Erzengel Raphael von Hans Wehrenberg aus der früheren Eingangshalle der Raphaelsklinik. Nach einer Restaurierung und optischen Aufhellung hat er wieder seinen Platz als Namenspatron des Krankenhauses im neuen Foyer gefunden.

Gnadenkirche ❷

Lindenholz, farbig lasiert
18 Teile: Heilige Familie, Prophet, 2 Hirten, 3 Weise (zwei Teile), Paar (ein Teil),
3 Kinder (ein Teil), Mann mit schwerer Last, Mann in Ketten, Schwester
stützt eine alte Frau, Mann trägt einen Lahmen, Ochs, Esel, 4 Schafe (zwei Teile)
45 cm
„Bethelkrippe" der früheren Drechslereiwerkstatt Bethel
1961, 1962 und folgende Jahre

Die figurenreiche Krippe der Gnadenkirche wird rechts vom Altar vor einem Weih-
nachtsbaum auf einem mit Tannenzweigen bedeckten grünen Tuch aufgebaut. Die
45 cm großen Figuren sind voll geschnitzt und farbig lasiert. Das weiß gekleidete,
gewickelte Kind liegt auf der strohgefüllten Krippe; Maria im himmelblauen Kleid
betet es kniend an. Mit einer großen, schwungvollen Geste zeigt Josef auf das Kind.
Der Prophet Jesaja steht als weiterer Zeuge an der Krippe und bekundet mit seiner

Schriftrolle, dass dieses Kind der von ihm prophezeite Messias ist. Zwei Hirten knien an der Krippe. Der evangelischen Tradition entsprechend, kommen nicht Könige, sondern die Weisen des Matthäus-Evangeliums zum Jesuskind. Der älteste überreicht ihm sein Geschenk; die zwei anderen vertreten die beiden im Mittelalter außer Europa bekannten Weltteile Afrika und Asien. Ein junges Liebespaar und drei Kinder, die ebenfalls aus unterschiedlichen Ländern kommen, stehen für heutige Besucher.

Ungewöhnlich und kennzeichnend für diese Krippe sind vier Figuren, die allein oder zusammen mit einer zweiten Figur verzweifelte und behinderte Menschen und ihre Helfer darstellen: Ein Mann geht tief gebeugt unter einer schweren Last, einer ist mit Ketten gefesselt, eine Schwester stützt eine alte Frau, und ein Pfleger trägt einen lahmen Jungen. Es sind diese Figuren, die den besonderen Verkündigungscharakter dieser Krippe unterstreichen. Ihre Botschaft, die sich als Trost und Appell an alle wendet, die in der Weihnachtszeit zur Krippe kommen, lautet: *„Christus ist geboren für die Menschen, die durch schwere seelische und körperliche Leiden niedergedrückt sind."* Und: *„Die Krippe, zu der die Mühseligen und Beladenen kommen, ist nur dann eine wahre Erquickung, wenn neben der Krippe Retter stehen, die Christus ihre Hände leihen"* (Die Weihnachtskrippe 38, 1971, S. 33).

Bereits im Jahr der Kirchweihe 1961 und im folgenden Jahr wurde diese Krippe gekauft, und zwar aus Erlösen von zwei Adventsbasaren, die jeweils zu einem Drittel dafür verwendet wurden. Mit Hilfe von Spenden wurden dann in den folgenden Jahren noch einzelne Figuren ergänzt.

Krippen wie die in der Gnadenkirche wurden in den Behindertenwerkstätten der Von-Bodelschwinghschen Anstalten in Bielefeld geschnitzt und bemalt, und zwar von Patienten. Auch beim Entwurf für die Krippenfiguren um 1950 hat der damalige Leiter der Werkstatt, der Diakon Roderich Schrey, Patienten mitwirken lassen. Auf der Krippenausstellung in Telgte wurde eine solche Krippe 1970/71 mit dem Bischof-Heinrich-Tenhumberg-Preis für vorbildliches Krippenschaffen ausgezeichnet.

Das Krippenbrauchtum in den Bethelschen Anstalten geht bereits auf deren Gründer, den Theologen Friedrich von Bodelschwingh, zurück. Sein gleichnamiger Sohn, der 1877 in Bethel geboren wurde, schreibt in seinen Kindheitserinnerungen über die Weihnachtszeit in seinem Elternhaus: *„Das Schönste aber kam, wenn die Mutter auf den Boden ging und die alte Krippe herunterholte. Es war nur ein kleiner viereckiger Kasten; den stellte man aufrecht hin. Klappte man nun den Deckel herunter, so wurde in seinem Innern eine kleine Höhle sichtbar, die nach hinten zu von einem durchsichtigen roten Papier abgeschlossen war. Da hinein kamen die winzigen Figuren von Maria*

und Josef und die Krippe mit dem Kind. Vorn auf dem Deckel aber wurden die Hirten
mit den Schafen und die Weisen aus dem Morgenlande aufgebaut. Und über der Höhle
sah man in der Ferne die Stadt Jerusalem."

Friedrich von Bodelschwingh glaubte, *„daß der Weihnachtstag von der Liebe des
himmlischen Vaters am deutlichsten redet"*, und zwar auch und ganz besonders zu den
behinderten Menschen. Daher war die Weihnachtszeit in Bethel immer sehr wichtig,
und es entwickelten sich für den festlichen Rahmen bestimmte Traditionen, zu denen
auch das Krippenbrauchtum gehörte. So wurde nicht nur in der Familie
Bodelschwingh eine Krippe aufgestellt, sondern es gab auch schon vor 1900 in der
Zionskirche zwischen zwei hohen, mit Kerzen, weißen Rosen und Lilien geschmück-
ten Tannenbäumen vor dem Altar einen großen Krippenaufbau. Im Umkreis von
Bethel und bei Familien, die in engem Kontakt zu den Anstalten standen, war die
Hauskrippe schon vor dem Ersten Weltkrieg eine Selbstverständlichkeit. Dietmar
Sauermann begründet das dadurch, dass Bethel hinsichtlich der Veranschaulichung
und Verinnerlichung von religiösen Glaubenssätzen einen großen Einfluss auf den
Bielefelder und Herforder Raum ausgeübt hat.

Friedrich von Bodelschwingh, der nach seinem Vater die Leitung der Anstalten übernommen hatte, konnte seine Patienten vor der nationalsozialistischen Euthanasie
schützen. Am Weihnachtsabend 1945, wenige Tage vor seinem Tod, schloss er seine
Predigt mit den Worten:

„Aus tausend Traurigkeiten
Zur Krippe gehn wir still:
Das Kind der Ewigkeiten
Uns alle trösten will."

③ Clemenshospital

Holz, gefasst; bekleidet
ca. 30 Figuren aus der alten Krippe der Clemenskirche: Maria und Josef, 2 Engel,
11 Hirten (verschiedene Rollen), Knabe, 4 Frauen, Drei Könige, Kameltreiber,
6 Kinder (ehemalige Putten und ein früheres Jesuskind vom Dreikönigsfest);
außerdem 22 Schafe (Papiermaché, Holz, Wolle), Kamel (Gips), Köpfe von Ochs
und Esel (Papiermaché)
65 cm
Warendorfer Holzgliederfiguren
2. Hälfte 19. Jahrhundert, einige Figuren wurden um 1910 und 1935 erneuert

Weitere Figuren und Tiere:
Jesuskind (Oberammergau) 1987
Esel und Kamel (Holz) von Heinrich Kirchner 1990
Pater Dr. Edilbert Schülli und Bischof Dr. Reinhard Lettmann (Gips, bekleidet)
von Dr. Laurenz Kirchner 1988 und 1989

20 Schafe (Keramik, Gips, Papiermaché, Holz, Wolle)
von Walter Schüler um 2002

11 Figuren einer Krippe aus dem St.-Clemens-Hospital in Geldern (Niederrhein):
Holz, gefasst; bekleidet
50 cm
seit 2005 in den Aufbau der Krippe integriert

Eine Fülle von kleineren Figuren unterschiedlicher Größe wurde nach und nach zur
Ausstattung und Belebung der Gebäude, Straßen und Plätze hinzugefügt.
....

„Im religiösen Leben müssen alle Sinne des Menschen ins Spiel kommen." Von diesem Motto, das der Glaubenserfahrung des Franz von Assisi entspricht, haben sich die Gestalter der inzwischen berühmtesten Weihnachtskrippe in Münster leiten lassen, der Kapuzinerpater Dr. Edilbert Schülli und der Zahnarzt Dr. Laurenz Kirchner. Diese Krippe lebt, und das spüren die Besucher. Da ist der abweisende Wirt vor dem Gasthaus, in dem die Leute trinken, essen und sich vergnügen und zwischen denen sich der Betrachter in einem Spiegel selbst erkennt. Vorbei an Läden, einer Laterne und Alt-Münsteraner Stadthäusern (2005/2006 von H. Kirchner) kommt man zu einer großen niederdeutschen Bockwindmühle (1990), wie sie auch im Münsterland zu finden ist. Die Räder drehen sich, der Müller lässt das Mehl in einen Sack rieseln, und selbst die Mäuse fehlen nicht. Wasser plätschert über das Mühlrad zu einem Teich mit lebenden Fischen und einem Angler am Ufer. Auf der Verkündigungswiese vor einer norddeutschen Flusslandschaft (Dr. L. Kirchner, 1989) hüten die Hirten wollige weiße Schäfchen und lauschen der Botschaft des Engels mit dem zum Himmel weisenden Arm: *„Ehre sei Gott in der Höhe und Friede den Menschen auf Erden!"* Durch einen Torbogen schauen wir auf den Marktplatz einer bevölkerten mittelalterlichen Fachwerkstadt (mit dem Torhaus von Haus Borg Rinkerode und einem fränkischen Fachwerkhaus, 1997). Vorbei an einem Stadtturm, dem Storchenturm aus der Heimat Pater Edilberts, in dem König Herodes sich mit seinen Schriftgelehrten berät, gelangen wir endlich zum Stall mit der Heiligen Familie. Das Jesuskind thront auf dem Schoß der Mutter; die Heiligen Drei Könige in ihren schönen, alten Gewändern haben ihm ihre Geschenke schon zu Füßen gelegt, und auch Bischof Dr. Reinhard Lettmann und Pater Dr. Edilbert Schülli erweisen dem himmlischen Kind ihre Reverenz.

Die Krippe lässt den Betrachter sehen, hören und fühlen, dass Gott nicht vor langer Zeit im fernen Betlehem Mensch geworden ist, sondern in unserer Mitte geboren wird, in unserer heimatlichen Landschaft, unter dem besternten münsterschen Weihnachtshimmel, zu dem das Planetarium die Vorlage geliefert hat, und vor dem vertrauten Panorama unserer Stadt, das die Chorwand bedeckt (Dr. L. und H. Kirchner, Sägearbeiten W. Schüler, 1998 - 2000).

Seit 1986 ist die Krippe nach und nach in dieser Art entstanden. Die Grundkonzeption geht zurück auf den 1929 im Schwarzwald geborenen Kapuzinerpater Dr. Edilbert Schülli, Professor für Philosophie und Rektor an der Katholisch-Theologischen Hochschule in Münster, der 1986 zum Klinikpfarrer im Clemenshospital ernannt wurde. Vielfache Anregungen für die Gestaltung der Kulissen und konkrete Unterstützung erhielt Pater Edilbert durch den Zahnarzt und bildenden Künstler Dr. Laurenz Kirchner, der den Sternenhimmel, das Bild der Stadt Münster, die Flusslandschaft und anderes entworfen und zum Teil auch selbst gestaltet hat. Ein Team von Handwerkern hilft bei der Elektroinstallation und beim Aufbau der Krippenlandschaft, die sich entlang der rechten Seitenwand bis in den Chor der Kapelle zieht.

Schwester Aloisis Weier hat sich jahrelang um die Bekleidung und Pflege der Figuren gekümmert. Heinrich Wörmann, ein Bruder der damaligen Schwester Oberin, hat den Stall und die Mühle nach Entwürfen von Dr. L. Kirchner geschreinert. Der Gottesdienstlektor und Hobbybastler W. Schüler hat das Torhaus von Haus Borg Rinkerode und die Fachwerkhäuser geschaffen sowie die neuen Schafe. Nach dem Tod von Pater Edilbert im Jahre 2004 wird die Krippe weiter nach der von ihm und Dr. Laurenz Kirchner entwickelten Art und Weise aufgebaut, inzwischen in Eigenregie der Schwestern und Handwerker des Krankenhauses.

Pater Dr. Edilbert Schülli hat die Liebe zur Krippe aus seiner süddeutschen Heimat und aus dem franziskanischen Orden übernommen. Sein Anliegen war es, dass die Besucher vor der Krippe verweilen, alles genau betrachten und sich selbst in das weihnachtliche Geschehen hineinbegeben. Ein besonders intensives Erlebnis vermitteln die von Licht- und Klangeffekten begleiteten, musikalisch untermalten Meditationen, die Pater Edilbert auf Tonband gesprochen hat und die auch nach dem Tod ihres Verfassers allabendlich nach der Messe und auf Wunsch auch nach den Führungen stattfinden.

Die Krippe des Clemenshospitals, die jährlich hunderte angemeldete Besucher und noch mehr unangemeldete aus der näheren und weiteren Umgebung anzieht, bewahrt zum großen Teil den Figurenbestand der vor dem Zweiten Weltkrieg ebenfalls westfalenweit berühmten Krippe der barocken Clemenskirche, die damals zum Gebäudekomplex des Clemenshospitals in der Innenstadt gehörte. Laut Inventaren von

1930 und 1935 zählten zu dieser Krippe 40 Holzgliederfiguren und 20 Gipsfiguren (Bistumsarchiv Münster, Rektoratsarchiv St. Clemens Münster, Kasten A 3). Die älteren Münsteraner erinnern sich noch lebhaft an das stimmungsvolle Weihnachtsbild mit einer ansteigenden ländlich-idyllischen Landschaft, dem Verkündigungsengel, vielen Hirten und noch mehr Schäfchen und mit einem romantisch verfallenen Stall samt Heiliger Familie und Engelchen sowie den Heiligen Drei Königen mit ihren Dienern und Kamelen.

Die Holzgliederfiguren, die zum größten Teil aus der alten Clemenskirche in die Krippe des Clemenshospitals übernommen wurden, stammen aus der zweiten Hälfte des 19. Jahrhunderts, und zwar aus dem Warendorfer Raum. Die vom Nazarenerstil geprägten alten Figuren mit ihren ruhigen und andächtigen Gesichtern bewahren der Krippe bei aller Volkstümlichkeit einen gewissen Ernst. Mit Hilfe von groben Scharnier- und Drehgelenken (bei einigen jüngeren auch Kugelgelenke) können die Figuren verschiedene Körperhaltungen einnehmen, ähnlich wie die vermutlich noch etwas älteren Warendorfer Holzgliederfiguren der Krippe in der Mutterhauskirche der Clemensschwestern in der Innenstadt (S. 66).

❹ St. Clemens Hiltrup

Lindenholz, farbig lasiert, gewachst
13 Teile: Heilige Familie mit 10 Engeln (2 Teile), 2 Hirten, 2 Hirtenknaben,
Drei Könige, Mohrenknabe, Ochs und Esel, Kamel
70 cm
Hans Wehrenberg, Münster (1909-2002)
1938/39; Drei Könige, Diener und Kamel kurz nach 1950

Die Weihnachtskrippe in St. Clemens ist neben der vielfigurigen Krippe in Heilig Geist die zweite große Krippe des Bildhauers Hans Wehrenberg in einer Münsteraner Kirche.

Sie unterscheidet sich deutlich von der Krippe in Heilig Geist: Es gibt weniger, dafür aber größere Figuren. Die Oberflächen wirken auch hier durch die sichtbaren Spuren der Schnitzwerkzeuge sehr lebendig, sind darüber hinaus aber intensiver gefärbt, ohne jedoch deckend bemalt zu sein. Die pastelligen, durchscheinenden Farben und aufgelockerten Oberflächen, die fein gearbeiteten Gesichter und die detailreiche Gestaltung der Gewänder und Accessoires sowie die gelungenen Körperhaltungen zeigen deutlich die Meisterschaft des Künstlers; man kann sich gut vorstellen, warum Wehrenbergs Krippen in Münster und im Münsterland so beliebt waren und gern gekauft wurden.

Ungewöhnlich ist die Darstellung der Heiligen Familie. Im Stall mit dem tief gezogenen Dach bildet sie eine Dreieckskomposition, die mit dem Giebel korrespondiert. Das weiß gewindelte, liebliche Kind ruht mit zusammengelegten Händchen auf einem weißen Tuch in der strohgefüllten Krippe, die hoch gestellt ist. Hinter dem Kind kniet Maria in einem roten Kleid, mit weißem Mantel und hellblauem Schleier und betet mit geneigtem Haupt und zusammengelegten Händen das Kind an; die blonden Locken fallen auf ihre Schultern. Auf der linken Seite hockt Josef mit gefalteten Händen neben Maria und schaut auf das Kind. Er ist hier nicht der große Beschützer seiner Familie wie in der Heilig-Geist-Krippe, sondern ordnet sich unter, respektiert die besondere Rolle seiner Frau und übernimmt demütig und liebevoll die ihm selbst zugedachte Aufgabe. Ein Schwarm von zehn Kinderengeln mit hoch wippenden Flügelchen umfängt wie ein Strahlenkranz das Kind und seine Eltern. Diese Bilderfindung vermittelt eine große Innigkeit und trägt wesentlich zur besonderen Schönheit dieser Krippe bei. Da die zentrale Gruppe aus zwei Teilen besteht, ist aber auch eine asymmetrische Anordnung der Engel möglich.

Vor der Krippe kniet ein alter Hirt; ein junger, der seinen Hut gezogen hat, kommt mit einem Schafbock hinzu. Ein Gänsejunge eilt neugierig mit seinen Tieren herbei; ein anderer Hütejunge sitzt auf einem Felsen und flötet mit vollen Backen auf einer Schalmei, während sein Hund zu ihm aufschaut. Vornehm und mit würdevollem Ernst erscheinen die Könige. Der zweite ist bereits auf ein Knie gesunken. Ihre Gewänder, Kronen und Geschenke sind reich verziert. Wie in der Tradition vorgegeben, verkörpern sie die drei Altersstufen des erwachsenen Menschen. Der jüngste ist mit seinem Kamel und einem Mohrenknaben aus Afrika gekommen.

Die Krippe wird auf relativ beschränktem Raum aufgebaut, aber für jeden sichtbar rechts neben dem Altar. Kolpingbrüder und der Pfarrer richten den Unterbau her und gestalten den Stall sowie die Landschaft mit Efeu, Heu und Stroh, mit Fichten, Grasmatten, Moos und Steinen. Auf die Hirtenanbetung folgt die Darstellung mit den Heiligen Drei Königen, die allerdings nur bis zum Fest der Taufe des Herrn (Sonntag nach dem Dreikönigsfest) stehen bleibt.

Die Figuren zum Fest der Heiligen Drei Könige schuf Hans Wehrenberg nach seiner Rückkehr aus dem Krieg und der russischen Gefangenschaft. Weitere Angaben zum Künstler und zu seinen Krippen finden sich im Text zur Heilig-Geist-Krippe (S. 82).

Westen

St. Antonius, St. Pantaleon Roxel, St. Michael Gievenbeck, St. Theresia Sentruper Höhe

1 **St. Antonius**
Antoniuskirchplatz
Telefon 52 62 84
Heiligabend bis etwa Mitte Januar
8-18 Uhr

Die Antonius-Gemeinde nutzt demnächst nur noch die
Krypta; ob dort die Bücker-Krippe aufgebaut wird oder
die Heilige Familie aus dem früheren Klarissenkloster,
ist nicht vorhersehbar.

2 **St. Pantaleon Roxel**
Pantaleonstraße
Telefon (0 25 34) 79 70
Heiligabend bis zur 3. Januarwoche
8.30-17 Uhr

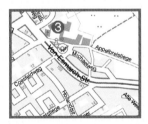

3 **St. Michael Gievenbeck**
Von-Esmarch-Straße
Telefon 8 65 40
Heiligabend bis Mitte Januar
9-17 Uhr

4 **St. Theresia Sentruper Höhe**
Waldeyerstraße
Telefon 8 11 77
meist ab 4. Advent bis Mitte Januar
So-Fr 10-16.30 Uhr; Sa 10-18.30 Uhr

① St. Antonius

Lindenholz, polychromiert
15 Teile: Heilige Familie mit Ochs und Esel (ein Teil), Prophet, 2 Hirten,
Hirtenfrau, 2 Kinder (ein Teil), Drei Könige, Kameljunge, 3 Schafe, Kamel, Stern
50 cm
Heinrich Gerhard Bücker, Beckum-Vellern (1922-2008)
1956

Die Weihnachtskrippe von St. Antonius wurde erstmals 1956 aufgestellt, in demselben Jahr wie die ebenfalls voll geschnitzte, farbig lasierte Krippe von Professor Guntermann in Liebfrauen-Überwasser. Sie wirkt jedoch durch den bewussten Rückgriff auf naive Formen sehr viel moderner und spricht den Betrachter durch die figürliche Vereinfachung, die intensive und festliche Farbigkeit und die fein gezeichneten Gesichter auf eine direkte Weise an, die heiter stimmt und zugleich den Ernst der religiösen Offenbarung vermittelt.

Die Figuren sind aus Lindenholz geschnitzt, mit einem Kreidegrund geglättet und mit Temperafarben polychromiert. Die Heilige Familie ist zusammen mit Ochs und Esel aus einem Block gearbeitet. Maria sitzt auf einer Bank und hält das liegende Kind auf ihrem Schoß; Josef steht mit einem Wanderstab in der Hand links dahinter und umfasst mit seiner Rechten den Hals des Esels. Das rote Gewand Mariens, die mit silbernen Bändern gehaltene blaue Windel des Kindes, die gedämpft blauen Töne von Josefs Kleidung und die gelbgrüne Bank geben die Grundfarben an, die bei den übrigen Figuren wiederkehren und zusammen mit Gold und einem leuchtenden Gelb vor allem die Könige auszeichnen.

Zwei Figuren weisen auf den besonderen Verkündigungscharakter dieser Krippe hin. Der Prophet Jesaja liest aus seiner Schriftrolle: *„Das Volk, so im Dunkeln wandelt, siehet ein Licht"* (Jes 9,1). Weiter heißt es im Alten Testament an dieser Stelle: *„Über denen, die im Land der Finsternis wohnen, strahlt ein Licht auf […] Denn uns ist ein Kind geboren, ein Sohn ist uns geschenkt"* (Jes 9,1 und 9,5). Schon auf ganz frühen Christgeburtsdarstellungen des 4. Jahrhunderts ist manchmal ein Prophet dargestellt. Deutet er auf den Stern, ist Bileam gemeint, der Prophet, der mit dem Bild des aufgehenden Sterns die Ankunft des Messias verkündet. Hält der Prophet eine Schriftrolle, dann handelt es sich um Jesaja und seine messianischen Weissagungen, die sich durch die Geburt des Jesuskindes erfüllen. Die zweite ungewöhnliche Figur in dieser Krippe ist die Hirtenfrau, die einen roten Hahn im Arm hält, der hier als Symbol des anbrechenden Tages, des Morgenlichtes aufzufassen ist, aber vielleicht auch schon auf die Leidensgeschichte und den Verrat des Petrus hinweist. Über der Krippe leuchtet ein kleiner silberner Weihnachtsstern mit einem langen, senkrecht fallenden Strahlenschweif.

Weihnachten wird durch den Text des Jesaja und das Symbol des Hahns als Fest des Lichtes gedeutet, das die Finsternis erhellt, und es ist das Fest der Freude, die durch fröhliche Elemente in dieser Krippe betont wird. Dazu gehören der behäbige, schwarzweiß gefleckte Ochse, der Esel mit einem hängenden und einem stehenden Ohr, den Josef liebevoll wie einen Freund umfasst, die zwei neugierigen, lustig gekleideten Kinder mit Stöckchen und Puppe sowie der kecke Mohrenjunge mit dem vergleichsweise großen Kamel. Fichten, Baumwurzeln, Efeuranken, Moos, Kiesel aus dem Heiligen Land und Blumen bilden eine stimmige Landschaft für die schönen Figuren.

Heinrich Gerhard Bücker hat außer der Weihnachtskrippe noch weitere Kunstwerke für die 1952 wieder aufgebaute St.-Antonius-Kirche geschaffen, unter anderem das Chorkreuz, den Tabernakel und den Taufstein sowie zwei Antonius-Figuren, davon eine draußen vor dem Eingang zur Krypta. Die Gemeinde besitzt noch ein hölzernes

Krippenrelief von Bernhard Vielstädte aus Herzebrock, das die Frauengemeinschaft 1977 der Gemeinde gestiftet hat, und eine Heilige Familie aus dem früheren benachbarten Klarissenkloster an der Scharnhorststraße. Noch 2008 wird St. Antonius von der polnischen Mission übernommen, und die St.-Antonius-Gemeinde nutzt dann nur noch die Krypta. Es ist offen, ob die Bücker-Krippe dort aufgebaut wird oder die Heilige Familie der Klarissen.

Der Künstler Heinrich Gerhard Bücker wurde 1922 in Beckum-Vellern als Sohn eines Bauern geboren und hat schon mit zehn Jahren eine vielfigurige Weihnachtskrippe geschnitzt, die im Krippenmuseum Telgte aufbewahrt wird. Nach einer handwerklichen Ausbildung bei Heinrich Lückenkötter in Oelde von 1936 bis 1939 studierte er an den Kunstakademien in München und Hamburg. Nach seinem Studium arbeitete er vor allem im Bereich der religiösen Kunst und entfaltete eine reiche Tätigkeit bei der Ausstattung wieder aufgebauter Sakralbauten, unter anderem in verschiedenen Münsteraner Kirchen sowie in den Stiftskirchen in Freckenhorst und Vreden und den Domen in Xanten, Hildesheim, Minden, Paderborn und Bremen. Hinzu kommt eine Fülle von weiteren Arbeiten der modernen religiösen Kunst, wozu auch der große Kreuzweg an der Ems in Telgte zu rechnen ist. Weithin bekannt geworden ist Bücker durch seine großformatige Bibel „Bilder des Heils" (1963) sowie durch die „Bibel in Bildern" (1982). Krippen hat er nur in den ersten Jahrzehnten geschaffen. Damals gestaltete er mehrere Krippenreliefs, zum Beispiel auch als Geschenk der Landesgemeinschaft für den damaligen Bundespräsidenten Theodor Heuß, und weitere Kirchenkrippen wie für St. Jacobus in Ennigerloh und für Maria Rosenkranz in Düsseldorf-Wersten sowie eine Hauskrippe für den damaligen Münsteraner Bischof Josef Kardinal Höffner.

Im Jahr 2006 hat das Museum Heimathaus Münsterland in Telgte dem Werk des Künstlers eine große Einzelausstellung gewidmet, zu der unter dem Ausstellungstitel „Zeit und Ewigkeit" ein Katalog erschienen ist. Ein dabei gezeigtes Krippenrelief von Bücker war 2006 das Plakatmotiv der 66. Krippenausstellung in Telgte. Bücker starb 2008.

Holz, farblos lackiert
11 Figuren: Heilige Familie, Engel, 3 Hirten, Drei Könige, Kamelführer;
außerdem Köpfe von Ochs und Esel, 5 Schafe, Ziege, Hund, Kamel
70 cm
Oberammergau
vor 1910; ursprünglich polychromiert, um 1967 abgebeizt und farblos lackiert

Im Jahre 1901 wurde der an den alten romanischen Turm angefügte Neubau von
St. Pantaleon eingeweiht. Die neugotische dreischiffige Hallenkirche löste den früheren einschiffigen gotischen Kirchenraum ab, der für die wachsende Gemeinde zu
klein geworden war. Die Ausstattung der neuen Kirche erfolgte in den folgenden
Jahren und Jahrzehnten. Dazu gehörte bereits vor 1910 auch die Anschaffung einer
neuen, kostbaren Krippe aus Oberammergau, die heute noch aufgestellt wird.

Es handelt sich um relativ große vom Nazarenerstil geprägte Holzfiguren, die meisterhaft geschnitzt sind. In einem Stall verehren Maria und Josef in andächtiger Haltung
das Kind, das auf einem Strohlager mit geöffneten Armen die Besucher begrüßt. Ein

Engel in vornehm frommer Haltung verkündet den Hirten und uns Zuschauern die Friedensbotschaft. Ein alter, mit einem Fell bekleideter Hirt kniet an der Krippe, ein junger Hirt kommt hinzu und spielt auf seinem Dudelsack. Ein Hirtenjunge vertritt die Kinder. Fünf Schafe, eine Ziege und ein Hund sowie ein kleines Feuer gehören zu den Hirten. Der alte König hat seine Krone abgelegt; kniend bietet er dem Kind ein Kästchen mit Gold an. Der junge schwarze König ist besonders detailreich geschnitzt. Sein Diener führt ein prächtiges Kamel an der Leine. Die hellen Holzfiguren heben sich gut von den lichtergeschmückten Fichten und dem dunklen Moos mit den Wurzeln, Steinen und Weihnachtssternen ab; ein weißer Kiesweg führt zum Stall.

Beim Betrachten der Figuren wird offensichtlich, dass sie sich nicht in ihrem Originalzustand befinden. Um 1967, zu einer Zeit also, als gotisierende und nazarenisch beeinflusste Kunstwerke nicht geschätzt wurden, hat ein Roxeler Schreiner auf Wunsch der Gemeinde die ursprünglich farbig gefassten Figuren, die allerdings schon mehrere Farbschichten trugen, abgebeizt und dann farblos beziehungsweise holzfarben lackiert. Nach Auskunft des früheren Leiters des Museums Oberammergau Florian Lang sind die Figuren in diesem Ort zwischen 1900 und 1910 von einer unbekannten Werkstatt geschaffen worden; es sind allerdings keine originalen Vergleichsexemplare vorhanden. Umso erfreulicher ist es, dass sich in St. Pantaleon diese Krippe erhalten hat und bis heute von der Gemeinde geschätzt wird.

Im Keller des Pfarrhauses wird auch die vorherige Krippe noch aufbewahrt. Es handelt sich ebenfalls um farbig gefasste Figuren aus Oberammergau, die aus dem zweiten oder dritten Viertel des 19. Jahrhunderts stammen und einem damals weit verbreiteten Krippentyp entsprechen. Die serienmäßig in Heimarbeit hergestellten Figuren müssten vollkommen restauriert werden. Krippen dieser Art werden heute noch zum Beispiel in St. Ludgerus Heek und in St. Nikolaus Darfeld – allerdings im Wechsel mit jeweils einer anderen Krippe – aufgebaut.

Gegenüber der Krippe, die sich vorn an der linken Seitenwand befindet, ist das südliche Querhausfenster sehenswert, das der Architekt der Kirche Hilger Hertel entworfen und die Hofkunstglasmalerei Hertel und Lersch in Düsseldorf angefertigt hat. Das große, hellfarbige Glasbild zeigt eine figurenreiche Anbetung der Heiligen Drei Könige mit dem Weihnachtsstern sowie anbetenden und musizierenden Engeln im oberen Teil.

St. Michael Gievenbeck ❸

Holz, farbig getönt; bekleidet
17 Figuren: Heilige Familie, Engel, 5 Hirten, 3 Frauen, Drei Könige, Kameltreiber,
Kiepenkerl (später zugefügt); außerdem Ochs und Esel, 8 Schafe, Hund,
Katze, Kamel
40 cm
Theodor Hardinghaus, Warendorf (1927-1985)
Heilige Familie: Hans Klucker, Oberammergau
Um 1950

Deutlich sichtbar ist der Unterschied zwischen den großen, kunstvoll geschnitzten Holzfiguren der historischen Oberammergauer Krippe in St. Pantaleon und der detailreichen, erzählfreudigen Krippe in St. Michael mit ihren eher kleinen, bekleideten Figuren in einer münsterländischen Miniaturlandschaft.

Die Heilige Familie befindet sich seitlich in einem zweistöckigen Stallgebäude, dessen Fachwerk mit Ziegeln ausgemauert ist und dessen Bretterwand zum Teil zerfällt. Holzschuhe und Arbeitsgeräte an der Wand sowie eine Katze auf dem Heuboden und Ochs und Esel erinnern an einen westfälischen Bauernhof. Wie Menschen aus dem bäuerlich-ländlichen Lebensraum erscheinen auch – mit Ausnahme der Heiligen Familie – die Figuren, die zu dieser Krippe gehören. Die kräftigen Gestalten mit den etwas großen Köpfen, der gesunden Gesichtsfarbe und den starren Augen erinnern an Werke der naiven Kunst. Dabei sind die traditionellen Vorgaben hinsichtlich der verschiedenen Lebensalter und die dunkle Hautfarbe des jüngsten Königs beachtet. Unter das Hirtenvolk wurden auch die originalen Figuren von Maria und Josef eingereiht, die einige Jahre nach Anschaffung der Krippe durch eine Heilige Familie aus Oberammergau ersetzt wurden, die der Gemeinde gefälliger erschien. Leider ist das originale Jesuskind inzwischen verloren gegangen.

Die Gemeindemitglieder Franz Schenk und Egon Austrup haben für die Krippenlandschaft im Laufe der Jahre den Stall und viele Gebäude aus der Innenstadt, aus Gievenbeck und dem Münsterland als verkleinerte Modelle gearbeitet, unter anderem den Dom mit dem Domchor und einem Prälaten, mehrere Prinzipalmarkthäuser mit dem Rathaus, die alte und die neue Kirche St. Michael mit Pastorat und Bücherei, die Bockwindmühle vom Mühlenhof, den Buddenturm und den Lambertibrunnen sowie das Mühlenhaus von Haus Langen. Alle Gebäude sind auch von innen zu beleuchten. Die Kleider der Figuren wurden von Frauen der Gemeinde genäht und auch zwischendurch erneuert.

Die von Fichten eingerahmte Krippenlandschaft, zu der auch zwei Brunnen und ein Holzarbeitsplatz gehören, wird in einer Nische vorne links neben dem Altar errichtet. Seit 18 Jahren besorgt Egon Austrup den Aufbau zusammen mit weiteren Helfern. Den Krippenbauern gelingt es, mit ihrer Landschaft zu zeigen, dass Jesus heute in unserer Mitte und für uns geboren wird.

Wer die originellen, ausdrucksstarken Figuren für St. Michael gearbeitet hat, war in Vergessenheit geraten. In dem Fotoalbum „Weihnachtskrippen in Münsters Kirchen und Klöstern 1974/75" wird *ein Künstler aus Warendorf* als Hersteller genannt. Recherchen der Autorin führten 1992 zu Theodor Hardinghaus aus Warendorf (1927-1985), der allerdings kein Künstler, sondern von Beruf Landwirt war und seine künstlerische Begabung per Zufall entdeckte. In einem Artikel seines Förderers Josef Goeken im Jahrbuch „Die Weihnachtskrippe" von 1952 kann man nachlesen, wie Hardinghaus seine erste Krippe geschnitzt hat:

„[Als] dieser Jungkötter anfangs Dezember des vorletzten Jahres sah, wie die Jungen der nahen Bauernschaftsschule Neuwarendorfs ihre selbstgeschaffenen Krippen zur Aus-

*stellung schafften, da bekam er ganz plötzlich Lust, für sein junges Hauswesen sich
ebenfalls eine Heimatkrippe zu schaffen. Er faßte den Mut dazu umso eher, da er ja gut
10 Jahre älter als diese Jungen und dazu im Handwerklichen weit geübter war.
Sogleich begann er, als Krippenstall eine im Äußeren wie im Innern getreue, liebevoll
durchgestaltete Darstellung einer Münsterländer Bauernscheune mit all ihren Einzelheiten und Eigenheiten zu konstruieren. Dann schnitzte er nur mit einem Okuliermes-
serchen Köpfe, Arme und Beine für etwa ein Dutzend Figurengeripp e, welche seine Frau
mit den auf dem Lande üblichen Stoffen in der heute hier heimischen Machart bekleidete. Zusätzlich wurde hernach noch aus einem Stück – wiederum mit dem kleinen
Behelfsmesserchen – das zugehörige Getier geschnitzt, die Schafe mit dem Schäferhund,
Ochs und Esel, das Kamel, ein Kater für den Bodenbalken usw."* (S. 27).

Gertrud Hardinghaus erinnerte sich im Januar 1993, dass ihr Mann jahrelang in den
Winternächten bis Mitternacht in der Küche saß und Krippenfiguren geschnitzt hat,
für die sie dann die Kleider nähte. Aus den Erlösen der beliebten und gern gekauften
Krippen wurde als erstes ein Mistaufzug bezahlt, später wurde mit dem Geld Land
dazu gepachtet und ein Trecker angeschafft. Auch Nachbarn, die beim Hausbau hal-
fen, wurden zum Dank von Theodor Hardinghaus mit Weihnachtskrippen beschenkt.

④ St. Theresia Sentruper Höhe

Holz, gewachst; bekleidet
10 Figuren: Heilige Familie, Engel, 2 Hirten, Drei Könige, Kameltreiber;
außerdem Ochs und Esel, 2 Schafe, 3 Lämmer, Kamel, Stern
75 cm
Anne Daubenspeck-Focke (geb. 1922), Emsdetten, (alle Figuren) und
Herbert Daubenspeck (geb. 1929), Emsdetten, (Ochs, Esel, Kamel)
Ende der 1950er Jahre: Heilige Familie
Ende der 1970er Jahre: Hirten, Könige, Ochs, Esel, Schafe
1993: Kamelführer und Kamel
1990 bis um 2000: Stern, Engel, 3 Lämmer

Die Sentruper Höhe wurde in ihrer heutigen Ausdehnung vor allem in den 1950er Jahren bebaut, und die Pfarrkirche St. Theresia wurde 1956 eingeweiht. In diesem Jahr erhielt die Mutterpfarre Liebfrauen-Überwasser für ihre Krippe die Heiligen Drei

Könige von dem 74-jährigen Altrektor der Werkkunstschule Franz Guntermann. Nur wenig später entschied sich die Tochtergemeinde St. Theresia für die Krippendarstellung der jungen Künstlerin Anne Daubenspeck-Focke, die gerade erst ihr Studium an der Werkkunstschule beendet hatte.

Die Krippe von St. Theresia wird auf der linken Seite des geräumigen Chors in einer kunstvollen Landschaft aufgebaut, in der die modernen Figuren gut zur Geltung kommen. Diese sind bis zu 75 cm groß und mit Stoffen bekleidet. Die aus umpolsterten Drähten geformten Körper können in verschiedene Haltungen gebracht werden.

Im Laufe der Advents- und Weihnachtszeit werden die Krippenfiguren mehrfach umgestellt: Bereits eine Woche vor dem Fest haben die Hirten ein Lager aufgeschlagen, wo sie sich mit ihren Schafen aufhalten, während Maria und Josef sich auf dem Weg nach Betlehem befinden. Am Heiligabend steht allein die Heilige Familie im Mittelpunkt; die Hirten kommen mit ihren Geschenken Weihnachten zur Krippe. Zu Silvester verabschieden sie sich wieder und gehen zu ihrem Lager zurück, während sich die Könige mit dem Kamel und dem Diener noch ein letztes Mal in der Wüste ausruhen, bevor sie dann zum Epiphaniasfest dem Kind auf dem Schoß der Mutter huldigen. Im letzten Bild kehren die Könige in ihre Heimat zurück, und Maria und Josef mit dem Jesuskind und dem Esel fliehen nach Ägypten.

Die Krippenbilder in St. Theresia entsprechen nur zum Teil den vorgegebenen Szenen einer traditionellen Wandelkrippe wie zum Beispiel in St. Nikolaus Wolbeck; sie sind vielmehr im lebendigen Umgang mit dieser Krippe entstanden und können auch mal variieren. Die verschiedenen Szenen spielen in einer großzügig und überlegt gestalteten Landschaft aus Baumwurzeln und Borken, verschiedenen immergrünen Bäumchen und Büschen (früher auch große Blütenzweige aus Pastors Garten), mit weißen und rosafarbenen Christsternen, Mulch, Moos und Sand sowie vielen Kerzen und Teelichtern. Schon zur Adventszeit wird die große Wurzel aufgestellt, die zu Weihnachten zusammen mit Stroh anstelle eines Stalles oder einer Grotte der Heiligen Familie Schutz bietet. Mitte Januar wird die Krippe wieder abgebaut.

Ungefähr 20 Jahre lang gab es in St. Theresia nur die Heilige Familie, bis Ende der 1970er Jahre zwei Hirten und zwei Schafe, Ochs und Esel sowie die Könige angeschafft wurden. 1993 kam das Kamel mit seinem Führer dazu, und 1999 wurde der Engel gespendet. Alle Figuren und Tiere, auch die später erworbenen, wurden von dem Künstlerpaar Anne Daubenspeck-Focke und Herbert Daubenspeck aus Emsdetten geschaffen. Anne Daubenspeck-Focke hat die Figuren geschnitzt und bekleidet, während ihr Mann die Tiere gearbeitet hat. Dabei wurden ganz verschiedene

Hölzer verwendet: Birne für die hellen Figuren, Mooreiche für den schwarzen König und seinen Diener, Kambala, ein afrikanisches Holz, für Ochs und Esel und helles Limba für die Schafe. Die Oberflächen wurden geglättet und gewachst, sodass sie glänzen, und nur die Augen sind gemalt. Die Formen sind leicht abstrahiert, vereinfacht und geschlossen. Trotz der formalen Strenge wirken die Gesichter der Figuren wie auch der Tiere heiter und freundlich.

Anne Daubenspeck-Focke und Herbert Daubenspeck haben beide an der Werkkunstschule Münster bei Professor Kurt Schwippert studiert, 1954 geheiratet und sich gemeinsam als Künstler in Emsdetten selbstständig gemacht. Herbert Daubenspeck hat in und außerhalb von Westfalen die Innenausstattung vieler Kirchen geschaffen, so auch den Tabernakel und den Ambo für St. Theresia. Anne Daubenspeck-Focke hat eine Reihe von Krippen hergestellt: Eine der ersten findet sich in St. Marien Hiltrup, weitere unter anderem in Ostbevern, Milte und Lengerich. Schon für die vorläufige Behelfskirche St. Theresia hatte sie ein einzelnes Jesuskind aus Keramik hergestellt, das ein Gemeindemitglied gestiftet hatte und das später an die Familie des Stifters zurückgefallen ist. Außer Arbeiten für den Kirchenraum hat die Künstlerin unter anderem Brunnen und lebensgroße Bronzefiguren für den öffentlichen Raum geschaffen.

Norden

Epiphaniaskirche, Heilig Kreuz, St. Marien Sprakel

1 *Epiphaniaskirche*
Kärntner Straße
Telefon 5 40 50
Heiligabend bis Mitte Januar
geöffnet zu den Gottesdienstzeiten
und nach Rücksprache

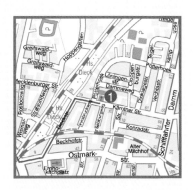

2 *Heilig Kreuz*
Hoyastraße
Telefon 20 20 80
kurz vor Heiligabend bis Mitte Januar
10-18 Uhr

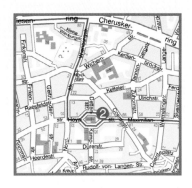

3 *St. Marien Sprakel*
Marienstraße
Telefon 21 64 44
Heiligabend bis Mitte Januar
Öffnungszeiten: Telefon 21 65 45

① Epiphaniaskirche

Drahtgeflecht, kaschierte Papiere, Stoffe
7 Figuren: Maria und Josef, Jesuskind (Olivenholz), 2 Hirten, 2 Könige;
außerdem Schaf, Kamel
ca. 100 cm
Erzieherinnen und Kinder der benachbarten Kindertagesstätte
2000 - 2007
Jesuskind (Olivenholz) aus Betlehem, um 1995

Der Name der Epiphaniaskirche, deren Grundstein am 6. Januar 1962 gelegt wurde, erinnert an die Erscheinung Gottes unter den Menschen in seinem Sohn Jesus Christus. Dem Namen der Kirche entsprechend zieren Sterne als Symbol für die Geburt des Messias die Glasfenster der Kirche. Eine eigene Weihnachtskrippe hat die Epiphaniaskirche allerdings erst seit dem Jahr 2000; damit gehört sie zu den letzten evangelischen Kirchen, in denen eine Krippe aufgestellt worden ist.

Unübersehbar stehen die kindgroßen, farbigen Papierfiguren auf der linken Seite neben dem Altar: Im Stall liegt das Jesuskind zwischen Maria und Josef in der Krippe auf einem weißen Tuch; Maria ist in ihre Symbolfarben als Jungfrau (weiß) und Himmelskönigin (blau und rot) gekleidet, Josef in Blau und Braun. Vor dem Stall stehen zwei Hirten in dunklen, warmen Kleidern zusammen mit einem Schaf und zwei Könige mit einem Kamel an der Leine. Sie sind leuchtend rot und hellgrün gekleidet; einer trägt eine Krone, der andere ein Beduinentuch. Die Gesichter der Figuren mit den großen, klaren Augen sind eindrucksvoll und ansprechend gestaltet. Vor allem für kleinere Kinder ist es sicherlich ein Erlebnis, zwischen diesen großen Figuren an der Krippe mit dem Jesuskind zu stehen.

Kinder der benachbarten Kindertagesstätte haben auch ihren Erzieherinnen bei der Herstellung der meisten Figuren geholfen. Dabei wird der aus feinem Maschendraht geformte Körper zunächst mit Kreppklebeband umwickelt; darüber wird dann eingekleistertes Papier beziehungsweise Transparentpapier in mehreren Schichten übereinander geklebt. Die Gesichter werden aufgemalt. Umhänge, Schals und Kopfbedeckungen aus Textilien geben den Figuren ein lebendigeres Aussehen.

Die Entstehung der Krippe geht zurück auf den Küster der Gemeinde, den Diakon Andreas Kroos, der schon bald nach seinem Amtsantritt zunächst für die Krippenspiele der Gemeinde einen neuen Stall und eine neue Futterkrippe getischlert hat. Auf seine Anregung wurden dann zum Weihnachtsfest 2000 als erste Krippenfiguren Maria und Josef hergestellt. Das Jesuskind hat ein Schnitzer in Betlehem aus Olivenholz gefertigt; es war schon Mitte der 1990er Jahre von einem Gemeindemitglied gestiftet worden. Fast jährlich ist eine neue Figur zur Krippe hinzugekommen, und einige weitere sind noch geplant. Stall und Futterkrippe waren zunächst nur die Requisiten für die Krippenspiele und wurden dann, durch die Initiative des Küsters, der seit seiner Kindheit mit dem Krippenbrauchtum vertraut ist und auch selbst Krippen baut, zum Ausgangspunkt für die Schaffung einer Weihnachtskrippe.

Die Krippenspiele haben in den meisten evangelischen Gemeinden Münsters eine lange Tradition. In der Epiphaniaskirche üben Konfirmanden mit dem Pfarrer für den Familiengottesdienst am Heiligabend ein Krippenspiel ein, dessen Teile abwechselnd mit Lesungen aus dem Weihnachtsevangelium vorgetragen werden. Während diese Vorführung immer am Lukasevangelium ausgerichtet ist, zeichnet sich das Krippenspiel der Kinder aus der Tageseinrichtung durch wechselnde Texte aus, die auf verschiedene Vorlagen und auf Ideen der Erzieherinnen und Kinder zurückgehen. Schon bald nach den Sommerferien beginnen die Vorschulkinder mit den Überlegungen und wöchentlichen Proben für ihr Spiel, das dann in einem Gottesdienst am 3. oder 4. Adventssonntag aufgeführt wird. Im Anschluss daran treffen sich die jungen Familien im Gemeindehaus zu einem Adventsbrunch. Ist eine neue Krippenfigur entstanden, wird sie im Gottesdienst der Kinder feierlich zur Krippe gebracht; ansonsten werden die Krippenfiguren nach dem Familiengottesdienst am Heiligabend aufgestellt.

Die Krippe der Epiphaniaskirche ist ein Beispiel für die vielen ganz unterschiedlichen selbst gefertigten Weihnachtskrippen, denen wir vor allem in den evangelischen Kirchen Münsters begegnen (siehe S. 33 f.). Sie wird in der 2. oder 3. Januarwoche wieder abgebaut, während das Thema der Christgeburt seit 1986 das ganze Jahr über durch eine Terracotta-Plastik von Rika Unger, ein Geschenk eines Gemeindemitglieds, in der Kirche präsent ist. In einer nach oben offenen Höhle liegt das Kind auf einer Tonscherbe mit dem ausgestanzten Wort „ICH", ein Hinweis darauf, dass Jesus Christus in dem Betrachter, in jedem einzelnen Menschen geboren werden möchte. Damit greift die Künstlerin einen Gedanken auf, der sich von der Mystik des Mittelalters über die Barockzeit bis in unsere Gegenwart zieht (siehe S. 40).

Auch der Ehrfurcht gebietende große Engel ist ein Werk derselben Künstlerin; er wurde der Gemeinde von Pfarrer Richard Hilge anlässlich seines Abschieds 1994 geschenkt. Rika Unger (1917-2003), geboren in Stettin, wuchs im Siegerland und in Münster auf und arbeitete seit 1950 als freischaffende Künstlerin. An verschiedenen Stellen in Münster finden sich Kunstwerke von ihr. Auf dem Waldfriedhof Lauheide steht als Leihgabe der Stadt Münster ihr Zyklus „Jede Saat trägt Frucht".

Nicht nur der Name der Epiphaniaskirche, die Sterne in den Fenstern und die Terracotta-Höhle verkünden die Geburt des Herrn, sondern auch die Kirchenglocken. Die größte von ihnen trägt die Inschrift: *„Darin ist erschienen die Liebe Gottes unter uns, daß Gott seinen eingeborenen Sohn gesandt hat in die Welt, daß wir durch ihn leben sollen"* (1. Joh. 4,9).

Heilig Kreuz ②

Holz, farbig getönt
22 Teile: Heilige Familie (ein Teil), Verkündigungsengel, Balken mit Gloriaengelchen,
Mauer mit Engelchen und Mann, Hirt mit Schafen, Hirt mit Lamm, Frau,
Drei Könige, Ochs und Esel, 8 Schafe (davon 4 aus Oberammergau, 1960er Jahre)
Kamel und Kameljunge von Heinrich Kirchner (1950er Jahre)
75 cm
Franz Guntermann (1882-1963), Münster
1941

Die neugotische Heilig-Kreuz-Kirche ist das weithin sichtbare Wahrzeichen des nach
ihr benannten gründerzeitlichen Erweiterungsgebietes nördlich der Altstadt. In dieser
Gemeinde wohnte jahrzehntelang der Bildhauer Professor Franz Guntermann, der
1941 für seine Pfarrkirche eine Krippe vollendet hat, die seither von der Gemeinde ge-
liebt und geschätzt wird.

Die aus Lindenholz geschnitzten und farbig getönten Figuren sind bis zu 80 cm groß. Ihre Gestaltung wird bestimmt durch kräftige, teilweise grobe Formen, die – wie bei der später von demselben Künstler geschaffenen Liebfrauen-Krippe – das Material und das Werkzeug erkennen lassen, mit dem es bearbeitet worden ist. Die Figuren tragen zum Teil übersteigerte individuelle Züge. 1990 wurde die Krippe durch Heinrich Kirchner restauriert, der auch das Kamel und den Kameljungen gearbeitet hat.

Verschiedene Figuren sind jeweils aus einem Block geschnitzt, so auch die Heilige Familie. Josef, der den Hut andächtig vor der Brust hält, steht mit der leicht erhobenen linken Hand schützend seitlich hinter seiner Familie. Auffällig ist die frontale Gestaltung von Krippe, Jesuskind und Gottesmutter. Maria kniet hinter dem kastenförmigen Lager des Kindes. Sie ist entsprechend den überlieferten Symbolfarben als Himmelskönigin gekleidet, während das Weiß des Schleiers auf ihre Jungfräulichkeit hinweist. Ihre langen blonden Locken sind Zeichen ihrer äußeren und inneren Schönheit. Mit ihren Händen hält Maria das göttliche Kind, das nicht mehr klein und hilflos in Windeln liegt, sondern bereits im roten Königsgewand aufrecht sitzt und mit ausgebreiteten Armen die Hirten, die aus der Ferne angereisten Könige und natürlich auch alle Krippenbesucher begrüßt. In nächster Nähe zum göttlichen Kind befinden sich, wie seit den frühesten Christgeburtsdarstellungen üblich, Ochs und Esel, die als Vertreter der vernunftlosen Kreatur in dem neugeborenen Kind in der Krippe ihren Schöpfer erkennen; ihr ungewöhnliches Lachen drückt die Freude der Schöpfung über die Geburt des Heilandes aus.

Während die Gesichter der Heiligen Familie noch am ehesten ideal aufgefasst sind, hat der Künstler die übrigen Figuren sehr viel ausdrucksvoller und individueller gestaltet. Beeindruckend ist der Verkündigungsengel in seinem dunkelblauen, von strengen Linien bestimmten Gewand. Mit ernstem und staunendem Gesicht verkündet er die frohe Botschaft. Der Kopf mit den wehenden roten Locken, die von einem goldenen Band gehalten werden, wird umrahmt von mächtigen roten Flügeln, deren Federn wie Strahlen das Gesicht umgeben und die in zwei hochragenden Flügelspitzen enden, die wie der Arm mit dem ausgestreckten Zeigefinger auffordernd zum Himmel weisen.

Ungewöhnlich ist auch der alte Hirte mit den staunend aufgerissenen Augen, der zusammen mit seinen sieben Schafen eine feste Gruppe bildet. Diese sind grob aus dem Holz heraus geschnitzt, sie drängen mit dem Hirten vorwärts und schauen mit zum Teil offenen Mäulern nach oben. Der Hirte in dem blauen Kittel mit einem Lamm in den Händen und einer eher derben Physiognomie trägt die übersteigerten Gesichtszüge des damaligen Pfarrers Heinrich Holstein, der von 1936 bis 1951 in Heilig Kreuz amtierte; mit dem Lamm auf dem Arm verkörpert er den „guten Hirten" seiner Gemeinde. Wie weiter in der Gemeinde überliefert wird, war das Vorbild für die Hirtenfrau mit dem Obstkorb die fromme Kirchgängerin Malchen (Amalie) Blanke, die zusammen mit ihren beiden Geschwistern einen Obst- und Gemüseladen an der Ecke Raesfeld-/Nordstraße betrieb. Auch der Mann, der neugierig lächelnd über eine Mauer schaut, auf der drei Engelchen sitzen, stellt ein früheres Gemeindemitglied dar, den Kolonialwarenhändler Lorenz Hüneke von der Ecke Kampstraße/Rudolf-von-Langen-Straße.

Außer dem Verkündigungsengel und den drei Engelchen auf der Mauer gehört eine Gruppe höchst ausgelassener Engelchen zur Krippe, die sich über dem Stall auf einem goldenen Balken mit der Gloria-Inschrift tummeln und fröhlich singen und musizieren. Die farbenprächtigen Könige und das Kamel mit dem Mohrenknaben als Führer vervollständigen das weihnachtliche Ensemble zum Dreikönigsfest. Zu den vier einzelnen Schafen von Franz Guntermann wurden später noch vier Schafe aus Oberammergau hinzugefügt.

Die Krippe der Heilig-Kreuz-Kirche, die so viel Fröhlichkeit ausstrahlt, entstand während des Zweiten Weltkrieges. In seiner Schrift zum 50-jährigen Jubiläum der Gemeinde berichtet Ewald Reinhard, dass im Juli 1941 Pfarrhaus, Kaplanei und Küsterei durch Luftangriffe zerstört wurden und 64 Brandbomben auf die Kirche fielen. Es wird dann die überaus große Hilfsbereitschaft und die wachsende Gläubigkeit in der Gemeinde hervorgehoben. Danach heißt es: *„Zu Weihnachten erhielt die Kirche eine neue Krippe, welche der in der Gemeinde ansässige Professor Guntermann geschaffen hatte"* (Die Heilig-Kreuz Pfarre zu Münster, Münster 1952, S. 26). Möglicherweise war die vorherige Krippe bei dem Bombenangriff zerstört worden. Der prompte Ersatz würde dann darauf hinweisen, wie wichtig dem Pfarrer und der Gemeinde die weihnachtliche Krippe gerade in diesen finsteren Zeiten gewesen ist.

Nachdem die Krippe lange Jahre vor dem Marienaltar in einer mit Rupfen ausgeschlagenen Felsgrotte aufgebaut worden war, hat sie seit Weihnachten 2000 einen passenden Platz in der südlichen Seitenkapelle gefunden. Seit

Weihnachten 2006 gibt es auch wieder einen Stall, und zwar einen Ständerschuppen mit einer Fachwerkwand und einem Strohdach. Aus vielfältigem Material wird eine Landschaft gestaltet, die auf einem Podest aufgebaut und von einem niedrigen Zaun umgeben ist, sodass auch Kinder die Krippe aus der Nähe anschauen können.

Franz Guntermann hat für seine Pfarrkirche eine für die damalige Zeit unkonventionelle Krippe geschaffen, die die Gläubigen auch heute noch durch die ausdrucksstarke und lebendige Gestaltung der Menschen, Engel und Tiere anspricht; selbst frühere Gemeindemitglieder kommen immer wieder gern, um ihre alte Krippe zu besuchen. Das von Guntermann selbst entworfene Wohn- und Atelierhaus von 1928, ein bedeutendes Beispiel für Münsters Architekturgeschichte, befindet sich noch an der Studtstraße 31 und wird heute als Verbindungshaus genutzt.

Weitere Krippenfiguren von Guntermann gibt es in Liebfrauen-Überwasser (1954-56), in Herz Jesu (1920er Jahre) und in St. Sebastian Nienberge (Heilige Familie, um 1930). Eine Hauskrippe mit dem Ehepaar Pinkus Müller und einem Kiepenkerl wird in einer Gaststube des Lokals zur Advents- und Weihnachtszeit aufgestellt. Bei der Beschreibung der Liebfrauen-Krippe finden sich weitere Informationen zu Guntermann und seinen Krippen (S. 62).

St. Marien Sprakel

Gips, farbig bemalt
12 Figuren: Heilige Familie, Engel, 3 Hirten, Frau, Drei Könige, Kameltreiber;
außerdem Ochs und Esel, 10 Schafe, Hund, Kamel
45 cm
S. H. (Schmidt und Heckner, Köln, produziert bei der Firma Beckers, Köln)
1929

Die Weihnachtskrippe von St. Marien ist ein schönes Beispiel für eine traditionelle, volkstümliche Gipskrippe, die mit Liebe und Schönheitssinn ausgesucht wurde und deren Anschaffungskosten vergleichsweise gering waren.

Die ungefähr 45 cm großen Figuren gefallen auf den ersten Blick durch ihre heitere Farbigkeit und die idealisierende Gestaltung, die noch vom Nazarenerstil beeinflusst ist. Der blondgelockte, weiß gekleidete Jesusknabe liegt mit freundlichem Gesicht und weit geöffneten Armen in der hölzernen Krippe, als wolle er alle Menschen umarmen. Die beiden jungen Hirten, einer mit einem Lamm, der andere mit einer Sackpfeife, und die Frau mit dem Milchkrug und der Schürze voll Obst sind vielfarbig gefasst und beleben das Hirtenbild. Ochs und Esel im Hintergrund der Grotte und zehn Schafe ergänzen die Szenerie. Die Heiligen Drei Könige mit dem prächtigen Kamel und dem Kameltreiber vervollständigen die Darstellung zum Fest der Erscheinung des Herrn und tragen auf ihre Art zum ansprechenden Charakter der Krippe bei. Alle Figuren sind vom Sprakeler Malermeister Wilhelm Meschig sen. in den 1970er Jahren neu gefasst worden.

Lichtergeschmückte Fichten bilden den Hintergrund der Krippe, die vor der linken Chorwand aufgebaut wird. Als Stall dient eine Grotte, die jährlich neu aus alten Baumwurzeln, so genannten Knubben, zusammengefügt wird. Fichten, Wurzelstöcke, Sand und Moos erwecken den Eindruck einer natürlichen Landschaft, die durch die traditionellen Motive des Hirtenfeuers und des Brunnens ergänzt wird.

Die Knubbengrotte, die in dieser Krippe durchaus heimatlich und nicht unbedingt fremdländisch anmutet, erinnert an die in der orthodoxen Christgeburtsdarstellung übliche Höhle oder Felsgrotte. Diese spiegelt die Gegebenheiten des Heiligen Landes wider, wo die Weidetiere in natürlichen Felshöhlen mit steinernen oder lehmgestampften Futterkrippen Schutz fanden. In eine solche Höhle führt Josef Maria im apokryphen, also von der Kirche nicht anerkannten Marien-Evangelium des Jacobus (um 150). Und tatsächlich wurde schon in apostolischer Zeit eine der Höhlen Betlehems als Ort der Christgeburt verehrt. Von dieser Höhle berichtet auch noch der Kirchenvater Origines um 250, dass dort Jesus geboren wurde. Der Ort war bereits eine christliche Pilgerstätte, als darüber zur Zeit Kaiser Konstantins um 330 die Geburtskirche errichtet wurde. Auf den Christgeburtsbildern der orthodoxen Kirche ist die Höhle von Anfang an nicht nur ein unterirdischer Schutzraum, sondern ein Symbol für das Mysterium der jungfräulichen Geburt und dann auch ein Sinnbild für die von Sünde und Tod verschattete Welt, in die hinein Christus als „Sonne der Wahrheit" geboren wird, um die Menschen zu erlösen.

Die Krippe von St. Marien ist eng mit der Geschichte der Pfarrgemeinde verbunden. Im Jahre 1929 fand der erste Gottesdienst in Sprakel statt, und zwar in einem Klassenraum der alten Sandruper Schule, die sich neben der Gaststätte „Sandruper Baum" befand. In demselben Jahr gingen die damalige Lehrerin Änne Veltkamp und ihre Schwester Josephine Stockmann von Haus zu Haus, um Geld für eine Weihnachtskrippe zu sammeln, die sie dann in einer münsterschen Kunsthandlung aussuchten

und kauften. Zum Weihnachtsfest 1929 zimmerte der spätere Küster Joseph Möllers für die Krippenfiguren einen Stall aus Birkenstämmen, den er jedoch schon ein Jahr später durch eine Grotte aus Knubben ersetzte. Die riesigen Baumwurzeln besorgte er nach und nach bei den umliegenden Bauernhöfen. Seit 1956 hat sein Sohn Walter Möllers zusammen mit einer Gruppe Gleichgesinnter den Krippenbau in St. Marien fortgeführt.

Um die Wende zum 20. Jahrhundert und auch noch danach waren die ansprechenden Gipsfiguren eine preiswerte Alternative zu den kostbaren Bildhauerkrippen. Auch viele Familien erhielten mit solchen Figuren in kleineren Größen die Möglichkeit, zum Weihnachtsfest das heilige Geschehen in der eigenen Wohnstube nachzugestalten. Aber spätestens seit der Mitte des Jahrhunderts galten dann Gipskrippen als Massenware und wurden weniger geschätzt. Heute ist man in der Beurteilung weniger rigoros. Das Bewusstsein von der Geschichte einer Krippe und ihrer Rolle im Weihnachtsbrauchtum der Gemeinde oder Familie sowie auch der allgemein festzustellende Trend zur Nostalgie haben dazu geführt, dass sich die Einstellung zu den historischen Gipskrippen inzwischen wieder gewandelt hat.

Eine schöne Gipskrippe ist glücklicherweise auch in St. Mariä Himmelfahrt Dyckburg
erhalten geblieben; sie war um 1900 von der Gräfin Hatzfeld und weiteren Pfarrange-
hörigen gestiftet worden. Nachdem dann 1958 bekleidete Figuren der Krippenkünstlerin Elisabeth Murhard aus Schriesheim an der Bergstraße angeschafft worden
waren, wurde die Gipskrippe im Jugendheim Heidehof aufgebaut und auch verwahrt.
1989 wurde sie auf dem dortigen Dachboden wiedergefunden und wird seit der Zeit
im Wechsel mit der Elisabeth-Murhard-Krippe in der Dyckburg-Kirche und im Franz-
Hitze-Haus aufgebaut. Auch im Kapuzinerkloster gibt es noch eine Gipskrippe. Die
Gemeinde St. Agatha Angelmodde hat sich um 1975 von ihrer Gipskrippe getrennt
und sie – dem Zeitgeschmack folgend – durch eine dunkle Keramikkrippe von Gregor
Lerchen aus Höhr-Grenzhausen (Westerwald) ersetzt. Die Gipskrippe ist danach in
den Besitz des Krippenmuseums Telgte gelangt.

Osten

St. Mauritz, St. Franziskus-Hospital, Herz Jesu, St. Nikolaus Wolbeck,
St. Ida Gremmendorf

1 **St. Mauritz**
Sankt-Mauritz-Freiheit
Telefon 3 64 65
Heiligabend bis Mitte Januar
Öffnung der Erphokapelle: 9-18 Uhr

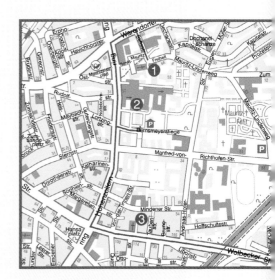

2 **St. Franziskus-Hospital**
Hohenzollernring 72
Telefon 9 35 - 0
Heiligabend bis zur 3. Januarwoche
7-20 Uhr; Gottesdienste So 10 Uhr,
Mo-Sa 18.15 Uhr

3 **Herz Jesu**
Wolbecker Straße
Telefon 6 45 16
Heiligabend bis zum letzten Sonntag
im Januar
8-18 Uhr

4 **St. Nikolaus Wolbeck**
Herrenstraße
Telefon (0 25 06) 81 01 10
1. Advent bis Sonntag nach 2. Februar
9-18 Uhr

5 **St. Ida Gremmendorf**
Vörnste Esch
Telefon 6 10 71
Heiligabend bis zur letzten Januarwoche
Mo-Fr 15-18 Uhr;
Sa/So zu den Gottesdienstzeiten

① St. Mauritz

Wachs, gegossen und bemalt; bekleidet
13 Figuren: Heilige Familie, 3 Hirten, Knabe, 2 Mädchen, Drei Könige, Kamelführer;
außerdem 6 kleine Engel, Köpfe von Ochs und Esel (Papiermaché), 6 Schafe (Holz),
2 Kamele (Gips und Papiermaché)
75 cm
Schwestern vom armen Kinde Jesu, Aachen
1878
1880 Kamel, Kamelführer
1960-1962 6 hölzerne Schafe
In den 1950er und 1960er Jahren wurden die kaschierten Gewänder durch
Stoffkleider ersetzt.

Die Weihnachtskrippe der St.-Mauritz-Kirche wird nicht im eigentlichen Kirchenraum aufgebaut, sondern in der westlich an den mächtigen romanischen Turm an-
grenzenden Erphokapelle, die nach dem Bischof Erpho (1085-1097) benannt ist,

dessen Grabmal sich hier befindet. Durch eine niedrige Tür betritt der Besucher den Raum, in dem die schöne alte Wachskrippe in einer ansprechenden traditionellen Mooslandschaft unter einem Epitaph von 1489 mit einer Kreuzabnahme steht.

In einem efeuberankten Stall mit Birkenstämmen und Strohdach kniet Maria im weißen Kleid und blauen Mantel und betet das auf Stroh und ein weißes Tuch gebettete Kind an. Josef steht nur wenig entfernt mit gefalteten Händen und gesenktem Kopf in langem Gewand und Umhang auf der rechten Seite des Kindes. Dieses ist weiß gewickelt und trägt ein zierlich besticktes seidenes Jäckchen. Drei Hirten sowie zwei Mädchen und ein Knabe kommen mit ihren Geschenken zur Krippe, mit einem Lamm, einem Milchkrug, einem Korb mit Äpfeln und einem Eierkörbchen. Die Heiligen Drei Könige werden von einem Kamelführer mit einem größeren Kamel und einem kleineren Dromedar begleitet. An der Rückwand des Stalles sehen wir die Köpfe von Ochs und Esel und in den Fichten seitlich der Krippe sechs schwebende Engelchen. Die vom Nazarenerstil geprägten, andächtigen und edlen Wachsgesichter der Figuren und das liebliche, puppenartige Jesuskind machen den besonderen Charme dieser historischen Krippe aus, deren Geschichte bis in die Anschaffungszeit zurückverfolgt werden kann.

Durch die im Pfarrarchiv St. Mauritz erhaltene Rechnung vom 15.12.1878 und durch einen Eintrag in der „Chronik der katholischen Kirchengemeinde St. Mauritz Münster" zum Jahr 1878 (beides in Kasten 84 im Archiv der Pfarrgemeinde) ist belegt, dass fast alle Figuren zum Weihnachtsfest 1878 bei den Schwestern vom armen Kinde Jesu in Aachen für 631,50 Mark gekauft und durch Spenden finanziert wurden. Wie die Figuren in St. Ludgeri, die zehn Jahre früher aus derselben Werkstatt bezogen worden waren, wurde auch diese Krippe ursprünglich in einer Felsgrotte aufgebaut, für die es noch eine Rechnung von einer Münsteraner Kunsthandlung von 1879 gibt. Die Holzschafe wurden Anfang der 1960er Jahre von einem Laienkünstler aus dem Sauerland geschnitzt als Ersatz für frühere Papiermaché- und Gipsschafe.

Die heutigen Figuren sind nicht mehr in ihrem originalen Zustand, denn die ursprünglich kaschierten Gewänder wurden inzwischen durch lose Stoffkleider ersetzt. Nur das Jesuskind trägt vermutlich noch das originale Jäckchen. Auch wenn solche Krippen Wachsfigurenkrippen genannt werden, sind doch nur die Köpfe, die Hände und andere sichtbare Körperteile aus Wachs mit Hilfe von Modeln gegossen und farbig getönt. Die wächsernen Teile sind mit einem Lattengestell verbunden, das den Körper bildet. Darüber wurde Pappe und Papier geklebt und mit Leim oder Kalkwasser getränkte Leinwand zu Kleidern und Gewändern drapiert, die nach dem Trocknen und Versteifen bemalt wurden. In St. Ludgeri werden im Originalzustand erhaltene, zehn Jahre ältere Krippenfiguren mit kaschierten Gewändern aus derselben Werkstatt der Aachener Schwestern aufgestellt. Allerdings sind dort die Maria und das Jesuskind der Hirtenanbetung von 1868 irgendwann verloren gegangen und durch Gipsfiguren ersetzt worden.

Nachdem die Aachener Schwestern, die bis dahin wegen ihrer Paramentenstickerei berühmt waren – man betrachte nur das Jäckchen des Jesuskindes –, zunächst Künstler mit den Entwürfen und der Herstellung der Figuren beauftragt hatten, lernten sie bald, alle Arbeiten selbst auszuführen. Mit den Verkaufserlösen haben die Schwestern die Unterbringung und Betreuung bedürftiger Kinder und die schulische Unterweisung von Kindern und Jugendlichen finanziert. Weitere Ausführungen zu den Krippen der Aachener Schwestern finden sich bei der Beschreibung der Weihnachtskrippe von St. Ludgeri (S. 46).

Die Krippe der St.-Mauritz-Kirche erfreut seit 130 Jahren in der Weihnachtszeit die Gemeinde. Die ganze Zeit bis 2008 lag die Pflege der Figuren und der Aufbau der Krippe in den Händen der Familie Middeler und weiterer Helfer. Nachdem zunächst Josefine Middeler, die Vorsitzende des Paramentenvereins, sich mit anderen Frauen der Gemeinde der Krippe gewidmet hatte, hat sie dann auch ihre Kinder Wilhelm und Margarete zur Mitarbeit herangezogen, die anschließend die Betreuung der Krippe übernahmen. Zu dem Zweck kam die in Paderborn tätige Studiendirektorin pünktlich vor dem Weihnachtsfest nach Münster. In den 1950er und 1960er Jahren hat sie nach und nach die kaschierten Gewänder entfernt und durch textile Kleider ersetzt, wozu sie sich von mittelalterlichen Weihnachtsbildern, zum Beispiel vom Bladelin-Altar des Rogier van der Weyden, hat anregen lassen.

1974 wurde der Stall gebaut. Die Figuren und die Kleidung wurden 1984 gereinigt und die Engelsflügel ergänzt. 1991 verbrannte leider der zweite König; er wurde ersetzt durch einen ähnlich aussehenden Hirten, der nun in dem leuchtend roten Gewand an der Krippe steht.

Inzwischen hat Dieter Middeler, der Sohn des Wilhelm Middeler, 60 Jahre lang den Krippenaufbau auch zusammen mit seiner Frau und zwei Söhnen sowie weiteren Helfern besorgt. Bevor Middeler sich von der Krippenarbeit zurückgezogen hat, hat er 2006 einen Text über „Die Weihnachtskrippe der Pfarrgemeinde St. Mauritz und ihre Geschichte" verfasst und eine Dokumentation über die Krippe und ihren Aufbau zusammengestellt.

In St. Mauritz gab es möglicherweise die erste Weihnachtskrippe in Münster über-
haupt; auf jeden Fall sind für diese Kirche bisher die frühesten Belege gefunden worden, und zwar mehrere für das 17. Jahrhundert. Der älteste findet sich in einem
Inventar vom 19. August 1636: *„Item ein rot verblomet Ligaturen* [Seidengewebe
mit Gold- und Silberfäden] *vorhang ante praesepe Domini"* („Ebenso ein rot geblüm-
ter Seidenvorhang vor der Krippe des Herrn"; Staatsarchiv Münster, St. Mauritz,
C. Nr. 11; nach Krins 1983, S. 161). Zu dem damaligen Stiftskolleg St. Mauritz gehörte auch eine Lateinschule; und wie in vielen Jesuitenkollegs bereits seit dem
16. Jahrhundert üblich, wurden wohl auch die Schüler des Kollegs St. Mauritz nicht
nur durch Weihnachtsspiele, sondern auch durch den Krippenbau schon früh zu
einer intensiven Vergegenwärtigung des Weihnachtsevangeliums geführt und zur
Gestaltung der Festgottesdienste herangezogen.

② St. Franziskus-Hospital

Holz, farbig getönt
10 Figuren: Heilige Familie, Engel, 3 Hirten, Drei Könige (der schwarze mit einem
Diener); außerdem Ochs und Esel, 3 Schafe
75 cm
Firma Georg Lang sel. Erben, Oberammergau
1930er Jahre

Jede fünfte Krippe in den Kirchen und Kapellen der Stadt Münster kommt aus Oberammergau. Eine besonders schöne und kostbare historische Krippe aus dem berühmten bayerischen Schnitzerort wird in der Kapelle des St. Franziskus-Hospitals aufgebaut. Es handelt sich um ungefähr 70 Jahre alte, voll geschnitzte, relativ große, farbig getönte Holzfiguren. Maria kniet neben der Krippe, in der auf Stroh und Ähren gebettet das Jesuskind liegt; Josef mit einer Laterne in der Hand steht zur Rechten und betrachtet es. Der jüngste Hirte und der älteste König knien an der Krippe. Der bärtige alte Hirte hat seinen breitkrempigen Hut schon gezogen und eilt mit großem Schritt herbei, zusammen mit dem jüngeren bartlosen Hirten, der auch schon nach seinem Hut greift und ein Lamm im Arm hält. Vornehm und reich wirken die in warmen Farben prächtig gekleideten Könige; die Schleppe des schwarzen Königs wird von einem Mohrenknaben gehalten.

Die Figuren entsprechen dem Grundbestand einer traditionellen Krippe: die Heilige Familie, ein Verkündigungsengel, drei Hirten und drei Könige, die jeweils unterschiedlich alt sind, außerdem Ochs und Esel und drei Schafe. Der den schwarzen König begleitende Mohrenknabe vertritt das königliche Gefolge.

Alle Figuren haben eine lebendige und bewegte Körperhaltung und ausdrucksvolle Gesichter; ihre Gesten erscheinen natürlich und angemessen. Josef und vor allem die Hirten sind jedoch in einem barockisierenden Stil gearbeitet, während Maria und die Könige durch eine strenger und moderner anmutende, ebenso ansprechende Formgebung gekennzeichnet sind.

Die Krippe steht auf einem Podest, das mit einem Tuch bespannt ist. Eine Baumwurzel, ein Hirtenfeuer, ein Brunnen, Moos, weiße Steine und rote Christsterne bilden die Landschaft, die nach hinten von kleinen Kiefern eingerahmt wird und die dem geräumigen Stall aus alten Stämmen und Brettern mit einem Strohdach genügend Platz gibt.

Die Weihnachtskrippe des St. Franziskus-Hospitals wurde in den 1930er Jahren angeschafft; sie kommt aus Oberammergau. Florian Lang, der frühere Leiter des dortigen Heimatmuseums, hat bestätigt, dass die Figuren zu jener Zeit von der Firma Georg Lang sel. Erben hergestellt wurden, die auch heute noch einige der Figuren, allerdings in einem kleinen Maßstab und naturfarben, zusammen mit zahlreichen anderen Krippenfiguren als so genannte Lang-Krippe anbietet.

③ Herz Jesu

Holz, farbig getönt; bekleidet

16 Figuren: Heilige Familie, Engel, 5 Hirten, Frau, 2 Knaben, Drei Könige,
Kameltreiber; außerdem Ochs und Esel, 6 Schafe, Kamel
60 cm
Firma Schauer, Oberammergau
1959

11 Figuren: 9 Hirten, Frau, Kameljunge; außerdem 4 Schafe
55 cm
Franz Guntermann, Münster (1882-1963)
möglicherweise 1920er Jahre

4 Kinder; außerdem 6 Schafe
Willi Potthoff, Herzebrock
Hund (Firma Kuhlmann, Münster)
2003-2007

„Es tut gut, hier zu sitzen und die schöne Krippenlandschaft anzusehen." „Die Krippe öffnet uns das Herz." „Sie ist wunderbar und liebevoll aufgebaut." Begeisterung und Lob, Andacht und Dankbarkeit sprechen aus den vielen handschriftlichen Einträgen in das Heft, das als Gästebuch neben der Krippe in der Herz-Jesu-Kirche ausliegt. Seit Weihnachten 2005 nimmt die Krippe den Chorraum hinter dem Altar der neugotischen Kirche ein, und seither begeistert sie die Gemeinde und alle Krippenwanderer.

Die Kirche empfängt den Besucher festlich geschmückt; besonders beeindruckend sind die vielen lichterglänzenden Fichten, die längs der Chorwand die Krippenlandschaft einfassen. Diese betritt der Besucher wie eine andere Welt durch ein Felsentor. Er wandert selbst durch die Krippe hindurch und kann sich gegenüber der Heiligen Familie und dem Stall auf einer Bank niederlassen und alles in Ruhe in sich aufnehmen. In einer ländlich heimatlichen Landschaft aus Berghängen, kleinen Fichten und einem plätschernden Bach, aus Moos, Mulch, Sand, Steinen und Blättern sieht man einzeln oder in Gruppen Hirten, Frauen und Kinder bei verschiedenen Beschäftigungen. Alle Figuren sind detailgetreu und liebevoll ausgestattet mit passgenau gehäkelter, gestrickter und genähter Kleidung, mit Holz- und Lederschühchen sowie Ledertäschchen; dazu kommen Weiden- und Drahtkörbchen mit verschiedenem Inhalt, winzige Blecheimer und andere Gefäße, ein Spinnrad mit Wolle und vieles mehr. Und hinten in der Mitte sieht man in einem alten Stall das Heilige Paar mit ernsten und freundlichen Gesichtern in Liebe einander zugetan. Der Verkündigungsengel sitzt auf der Dachkante und begrüßt auch noch die Heiligen Drei Könige, die mit unterschiedlichen Kronen und farbigen Samtmänteln in ihren traditionellen Rollen als Vertreter verschiedener Altersstufen und verschiedener Weltteile mit ihren Gaben zum Kind kommen, um es zu verehren.

Von Heiligabend bis Ende Januar wird die Krippe mehrfach umgestaltet. Auf die Anbetung der Hirten folgt eine Aufstellung zum Fest der Heiligen Familie am Sonntag nach Weihnachten, an dem nicht nur Maria und Josef mit dem Kind, sondern auch das Hirtenvolk zu Familien gruppiert wird. Zum 6. Januar huldigen die Könige dem Gottessohn, und am letzten Sonntag im Januar gehen die Hirten wieder nach Hause, die Könige kehren in ihre Heimat zurück, und die Heilige Familie flieht mit dem Esel nach Ägypten. Es gibt keine feste Abfolge der Bilder wie in einer traditionellen Wandelkrippe; die einzelnen Szenen können auch einmal wechseln, oder es wird etwas Neues hinzu erfunden.

Die eindrucksvolle Krippenanlage entsteht über mehrere Wochen und ist das Werk eines einsatzfreudigen und begeisterten Teams von ungefähr fünfzehn Personen, zu dem neben dem Altküster Anton Lauel und seiner Frau weitere Gemeindemitglieder

gehören, darunter Pensionäre, Handwerker, berufstätige Jugendliche und Schüler. Zwei Damen der Gemeinde sorgen zusammen mit einer Schneiderin für die Pflege und Erneuerung der Bekleidung. Das Moos wird jedes Jahr frisch gepflückt, die Fichten werden aus den Gärten der Gemeinde geholt und die Felswände neu aus Papier gestaltet. Zu Weihnachten 2006 wurde der Stall aus alten Brettern von einem Bauernhof hergestellt.

Die Krippe der Herz-Jesu-Kirche wird intensiv in die Weihnachtsliturgie einbezogen. Im Wortgottesdienst am Heiligabend trägt ein Kind das Jesuskind auf einem Tuch zur Krippe und weit über hundert Kinder ziehen mit. An den folgenden Tagen kommen die Kinder immer wieder während der Predigt zur Krippe. Unter der Woche lädt der Pfarrer Kindergartengruppen zur Krippe ein, um ihnen dort das Evangelium vorzulesen und zu erklären.

In der großzügig angelegten Landschaft werden ungefähr 30 Figuren aufgebaut, dazu Ochs und Esel, 16 Schafe und ein Kamel. Die Figuren haben ein unterschiedliches Alter und auch eine unterschiedliche Herkunft. Den Hauptbestand bilden 16 Figuren samt Ochs und Esel, sechs Schafen und einem Kamel von der Firma Schauer aus Oberammergau. Zu diesen Figuren heißt es in der Chronik der Herz-Jesu-Pfarre im 4. Band in einem Eintrag des damaligen Pfarrers Heinrich d'Hohne zum Jahr 1959:

„Zu Weihnachten erfreute die Pfarrgemeinde eine neue Krippe (Stofffiguren von Schauer aus Oberammergau).“

Seit einigen Jahren werden diese Figuren zusammen mit den noch erhaltenen, nur wenig kleineren Figuren der vorherigen Krippe aufgebaut, die von Franz Gunter-mann vermutlich in den 1920er Jahren geschaffen wurde. Weitere Informationen zu diesem Künstler und seinen Krippen finden sich im Text zur Liebfrauen-Krippe (S. 62). Erst in jüngster Zeit wurden noch zwei größere und zwei kleinere Kinder sowie sechs Schafe aus der Werkstatt von Willi Potthoff (Herzebrock) unter das Hirtenvolk gereiht.

Auch wenn die vielen Figuren der Herz-Jesu-Krippe nicht aus derselben Zeit und der-selben Werkstatt kommen, so fügen sie sich doch harmonisch in die weitläufige, ab-wechslungsreich gestaltete idyllische Landschaft ein. Der Besucher lässt sich einfan-gen von der zauberhaften Atmosphäre und fühlt sich auf der Bank inmitten der Krip-pe selbst in die Weihnachtsgeschichte versetzt.

④ St. Nikolaus Wolbeck

Holz, polychromiert; bekleidet
20 Figuren: Heilige Familie, 2 Engel, 7 Hirten (wechselnde Rollen), 2 Frauen,
Knabe, Mädchen, Drei Könige, Mohrenknabe; außerdem Esel, 5 Schafe, Hund,
Kamel, Köpfe von Ochs und Esel (Keramik, aus einer früheren Krippe),
viele kleine Ausstattungsstücke
55 cm
Figuren (unbekleidet): Münchener Künstler
Maria, Hirt, Schafe, Kamel: Firma Heinzeller, Oberammergau
Bekleidung: Heilige Familie: Johanna Lamers-Vordermayer (1870-1945), Kleve
übrige Figuren: Gertrud Böckmann (1909-1977), Münster-Wolbeck
1940 Heilige Familie
bald nach 1945 Hirten, Engel, Könige
1969 Kamel, 1974 Hirt, 1999 3 Schafe, Hund

Die stimmungsvoll aufgebaute, kostbare Krippe in St. Nikolaus wird nicht nur von den Wolbeckern, sondern auch von vielen Münsteranern für die schönste Krippe in Münster gehalten. Die bis zu 55 cm großen Figuren mit den vollendet geschnitzten und polychromierten Köpfen und Gliedern sind höchst kunstvoll gearbeitet und bekleidet; ihr Körpergerüst aus gebündeltem Draht ermöglicht lebensnahe Haltungen und Gesten. Nicht nur die Figuren und die detaillierte Landschaft erinnern an die süddeutsche Krippentradition, sondern auch die Abfolge der verschiedenen Szenen, von denen insgesamt zehn im Laufe der Advents- und Weihnachtszeit aufgebaut werden.

Bereits vor dem ersten Adventssonntag werden der Unterbau für die Krippe und die Landschaft erstellt, und zwar vor der Stirnwand des rechten Seitenschiffes. Die Landschaft wird mit frischem Moos, Efeuranken und immergrünen Bäumchen und Zweigen gestaltet. Zur Architektur, die an der hinteren und rechten Seite die Landschaft begrenzt, gehören eine Mauer mit schützendem Vordach über einem geschlossenen Rundbogentor, eine Treppe, die zu einer höher gelegenen Haustür führt, und rechts von der Treppe seitlich die Öffnung eines Tordurchgangs. Diese an eine kleine Stadt wie Betlehem erinnernden Bauwerke sind Teil der Landschaft und bilden den Hintergrund für die wechselnden Bilder:

1. Jesaja und Israel erbitten den Messias
2. Verkündigung
3. Aufruf zur Volkszählung; Besuch Marias bei Elisabet
4. Herbergssuche
5. Christi Geburt und Verkündigung an die Hirten
6. Konzert der Engel und Hirten
7. Ankunft der Heiligen Drei Könige
8. Huldigung der Könige
9. Flucht nach Ägypten
10. Darstellung im Tempel

Durch die detailgetreue, anschauliche Gestaltung des Weihnachtsgeschehens ist diese Krippe ausgesprochen volkstümlich; dabei wird die Wirkung mit kunstvollen Mitteln und sicherem Stilempfinden erreicht. Die Anschaffung und die Gestaltung der Krippe sind vor allem das Verdienst der Wolbeckerin Gertrud Böckmann. Als im Jahre 1940 der damalige Pfarrer Franz Isfort (1940-1946) den Wunsch nach einer neuen Krippe äußerte – die alten Gipsfiguren waren wohl nicht mehr gut zu gebrauchen –, besichtigten einige Gemeindemitglieder auf Anregung von Frau Böckmann mit dieser die kurz vorher entstandene Krippe in der Propsteikirche St. Remigius in Borken, wo Gertrud Böckmanns Bruder Antonius Benker als Kanonikus tätig war. Die Borkener Krippe war von der aus München gebürtigen und in Kleve lebenden Krippenkünstlerin Johanna Lamers-Vordermayer gestaltet worden. Die Wolbecker waren von dieser Krippe so begeistert, dass noch für das Weihnachtsfest desselben Jahres eine Heilige Familie bei der Künstlerin in Auftrag gegeben wurde.

Bereits bei der Bekleidung der Heiligen Familie half Gertrud Böckmann. Sie war mit einem Koffer voller Lebensmittel nach Kleve gereist, um die Fertigstellung der Figuren zu beschleunigen, und entschloss sich spontan, der Künstlerin bei den Schneiderarbeiten zu helfen. Auf diese Weise gewann sie einen Einblick in die Auswahl und Behandlung der Stoffe sowie in die Abstimmung der Farben und die Gestaltung der Gewänder, was ihr später bei der Bekleidung der übrigen Figuren sehr hilfreich war.

Die Heilige Familie konnte schon zum Weihnachtsfest 1940 in der St.-Nikolaus-Kirche aufgestellt werden, und sie gefiel der Gemeinde so gut, dass dank der reichlichen Spendengelder in den nächsten Jahren weitere Figuren für die Krippe besorgt werden konnten, und zwar ebenfalls aus der Werkstatt Lamers-Vordermayer.

Gertrud Böckmann hat mit Ausnahme der Heiligen Familie alle anderen Figuren selbst bekleidet, und zwar in der kunstvollen Art, wie sie es bei der Klever Künstlerin gesehen und gelernt hatte. In ihrem Buch „Die Wandelkrippe in unserer St.-Nikolaus-Kirche in Münster" (Warendorf 1993) beschreiben Vroni und Heinz-Günter Artmann unter anderem die sorgfältige Auswahl und Bearbeitung der Stoffe durch Frau Böckmann. Sie verwendete nach Möglichkeit alte Stoffe aus den Truhen eines ehemaligen Damenstifts (Schöllingstift) in Wolbeck; aus einer dort gefundenen Goldhaube nähte sie zum Beispiel den Schulterkragen des alten Königs. Für die Hirtenkleidung nahm sie Wolle und Leinen, das sie in ihrem Garten auf Beeten und in Bäumen ausbleichen ließ, für die Königsgewänder seidene Brokate, die ihre Schwester aus Damaskus mitgebracht hatte.

Im Laufe der Jahre wuchs die Krippe auf 20 Figuren (ohne die Tiere) an, sodass sie heute außer der Heiligen Familie und zwei Engeln insgesamt sechs Hirten, zwei Hirtenfrauen, einen Jungen, zwei Kinder, die Drei Könige und einen Mohrenknaben umfasst. Ein Hirt ohne Bart, der anders gekleidet auch einen römischen Soldaten oder den Wirt darstellt, hat einen Kopf aus bemaltem Ton, ebenso der Junge. Diese beiden Figuren sind ebenfalls über die Werkstatt Lamers-Vordermayer bezogen worden, die auch Krippen mit gegossenen Köpfen verkauft hat. Die heutige Figur der Maria sowie einer der zwei bärtigen Hirten sind später von der Oberammergauer Schnitzerei Heinzeller bezogen worden. Gertrud Böckmann fand diese Maria so schön, dass sie die ursprünglich zur Krippe gehörende Figur der Maria zur Elisabet beziehungsweise zu einer Hirtenfrau umgewandelt hat. Dabei hat sie sich offensichtlich nicht daran ge-

stört, dass der Kopf der neuen Maria lasiert und nicht polychromiert ist, während sie den Hirten ein Jahr später nachträglich hat polychromieren lassen, sodass er zu den übrigen Figuren passt. Von der Firma Heinzeller wurden ebenfalls die Tiere bezogen.

Die Figuren und die Landschaft der Wolbecker Krippe werden ergänzt durch eine Vielzahl kleiner Utensilien, die zum alltäglichen Leben der Hirten und zur Ausstattung der Könige gehören und die das Bild weiter veranschaulichen: viele Körbchen, Lederbeutel und Säckchen, Holz- und Kleiderbündel, kleine Tongefäße aus Israel, für das Lager des Kindes Wolle von den Schafen auf der Verkündigungswiese in Betlehem, von einem münsterschen Goldschmied gefertigte Kronen aus Messing, ein winziges Gebetbuch für die Verkündigungsszene sowie zierliche Musikinstrumente für das Engels- und Hirtenkonzert, zum Teil gefertigt von Antonius Benker, der inzwischen Pfarrer in Altenberge geworden war und dort ebenfalls eine Wandelkrippe im Stil von Johanna Lamers-Vordermayer aufbaute. Die Viola da Gamba hat ein Mitglied der Gemeinde gefertigt, und zwar nach dem Instrument, das der Engel auf dem Weihnachtsbild des Isenheimer Altars von Matthias Grünewald spielt. Die Architekturelemente, die den Hintergrund der Krippe bilden, sind nach Entwürfen von Antonius Benker durch Wolbecker Handwerker hergestellt worden. Die Kosten für die gesamte Krippe wurden durch Spenden aufgebracht, woran sich neben Frau Böckmann und dem Pfarrer viele Mitglieder und Gruppen der Gemeinde beteiligt haben.

Gertrud Böckmann, die 1909 in Bochum geboren wurde, heiratete 1935 den Wolbecker Textilkaufmann Alois Böckmann. Neben den vielfältigen Aufgaben als Geschäftsfrau, Hausfrau und Mutter zweier Kinder widmete sie sich seit 1940 mit Sachverstand und Kunstsinn der Gestaltung der Weihnachtskrippe in ihrer Pfarrkirche St. Nikolaus. Auch an der Arbeit für andere Krippen beteiligte sie sich. So bekleidete sie die Figuren der Kirchenkrippe in Altenberge und arbeitete sowohl für den Kreis der eigenen Familie wie für viele andere Wolbecker Familien Weihnachtskrippen, indem sie Figuren der Firma Heinzeller oder der Künstlerin Elisabeth Murhard aus Schriesheim an der Bergstraße bekleidete.

Frau Böckmann wollte ihre Krippe nicht nur als Kunstwerk verstanden wissen, sondern *„als schlichte Ausdrucksform menschlich-religiöser Vorstellung des unfaßbaren Weihnachtsgeschehens"*. Die verschiedenen Bilder sollten die Gläubigen anregen, *„immer wieder zur Krippe zu kommen und von neuen Aspekten her das Weihnachtsgeheimnis zu bedenken"* (Gertrud Böckmann, in: Die Weihnachtskrippe, 1971, S. 86). Der eigentliche Antrieb für ihre Krippenarbeit war religiös begründet und verband sich mit ihrer Freude an der künstlerischen Gestaltung.

Kurz vor ihrem Tod 1977 hat Gertrud Böckmann die Sorge um ihre Weihnachtskrippe der Gemeindeschwester Agnes Rosing übertragen. Auch nach deren Tod im Jahre 2002 wird die Krippe von verantworungsvollen Frauen betreut, die die Figuren pflegen und weiter in der überlieferten kunstvollen Weise aufbauen.

Gertrud Böckmann hat die Wolbecker Krippe nach dem Vorbild der von Johanna Lamers-Vordermayer gestalteten Krippen, insbesondere der Borkener Krippe, angelegt. Diese Künstlerin war 1870 als Tochter eines Bildhauers in München geboren worden. Ihre Familie war befreundet mit dem Kommerzienrat Max Schmederer, der ein großer Krippenfreund war und viele historische Krippen aus Süddeutschland, Österreich und Italien gesammelt und später dem Bayerischen Nationalmuseum geschenkt hat. Johanna Vordermayer übernahm von ihm die Liebe zu den alten Krippen und wurde von ihm unterstützt, als sie nach ihrer Heirat mit dem Kirchenmaler Heinrich Lamers und der Umsiedlung nach Kleve im Jahre 1912 dort Vorträge über alte Krippen hielt und eine neue Begeisterung für die Weihnachtskrippe weckte. Kirchen und Familien, die bisher Gipsfiguren gehabt hatten, äußerten den Wunsch nach künstlerisch wertvollen Krippen, die den gezeigten Bildern und Originalfiguren entsprachen. So entstand die Krippenwerkstatt Lamers-Vordermayer in Kleve.

Die gebürtige Münchenerin beauftragte Münchener Künstler mit der Herstellung der Figuren und fertigte selbst die kunstvollen Gewänder nach der Art historischer bayerischer Krippenfiguren. Stoffe kaufte sie in München, Berlin und Paris. Goldschmiede fertigten Kronen und Gaben für die Könige. Ihr Sohn Hans Lamers zimmerte die Gebäude und übernahm die Aufstellung der Krippen. Die Künstlerin schuf viele Krippen vor allem für Kirchen in Kleve und Köln sowie für St. Andreas in Essen und St. Remigius in Borken. Selbst der Verlust ihres rechten Armes um das Jahr 1921 hinderte sie nicht daran, ihre Arbeit fortzusetzen. Als Kleve 1944 durch den Krieg zerstört wurde, zog sie zu ihrer Tochter nach Geislingen in Württemberg, wo sie 1945 starb. Die Krippenwerkstatt in Kleve wurde von ihrem Sohn Hans Lamers und dessen Frau Ilse bis 1963 fortgeführt.

In Münster gibt es noch eine weitere sehenswerte Krippe aus der Werkstatt Lamers-Vordermayer, und zwar in St. Konrad, dessen erster Pfarrer Heinrich Scholtholt (1942-1957) in St. Remigius in Borken beheimatet war, wo er die Krippe von Johanna Lamers-Vordermayer kennen lernte, die auch Antonius Benker und seine Schwester Gertrud Böckmann so sehr beeindruckt hatte.

⑤ St. Ida Gremmendorf

Holz, farbig lasiert, gewachst; bekleidet
12 Figuren: Heilige Familie, Engel, 4 Hirten, Drei Könige, Kamelführer;
außerdem Ochs und Esel, 5 Schafe und 1 Lamm, Kamel
65 cm
Gertrud Büscher-Eilert, Horstmar (1914-2004)
1963/64
1986 Hirt und 2 Schafe
1991 Ochs und Esel
1994 Kamel, Kamelführer

Hans Wehrenberg, dem wir die Krippen in Heilig Geist und St. Clemens Hiltrup verdanken, wurde in den 1950er Jahren als beliebtester Krippenkünstler in Münster abgelöst durch die nur fünf Jahre jüngere Bildhauerin Gertrud Büscher-Eilert aus Horst-

mar, deren geschnitzte, bekleidete Krippenfiguren nicht nur im Münsterland, sondern auch in Münster zunehmend geschätzt wurden. Als wenige Jahre nach Fertigstellung der neuen Kirche St. Ida auch der Wunsch nach einer neuen Krippe laut wurde, entschied man sich wie schon vorher in anderen Münsteraner Gemeinden oder Krankenhäusern für Figuren von Gertrud Büscher-Eilert.

Ein Stall mit tief gezogenem Dach aus Schilfrohr, mit Birkenstämmchen und Rindenbrettern, Stroh und Heu bietet der Heiligen Familie sowie Ochs und Esel Schutz. Maria mit dunklem Haar trägt die traditionellen Farben der Himmelskönigin und Jungfrau. Sie kniet neben dem Kind, das – weiß gekleidet und gewickelt – mit freundlichem Gesicht und geöffneten Armen in der Krippe liegt. Ein junger Josef mit einem Wanderstock steht andächtig auf der rechten Seite. Insgesamt vier Hirten, ein alter, ein voll erwachsener und zwei junge, sowie fünf Schafe und ein Lamm gehören zum Bild der Hirtenanbetung. Die Heiligen Drei Könige, entsprechend der Tradition die drei Lebensalter vorstellend und der jüngste als Mohr, sowie ein Kamel mit einem Kamelführer vervollständigen die Krippendarstellung zum 6. Januar.

Die ungefähr 65 cm großen Figuren sind mit Stoffgewändern bekleidet. Die Köpfe und Hände sind aus Lindenholz geschnitzt und mit wasserlöslichen Farben und Wachsbeize behandelt, sodass trotz der Farbigkeit die Holzmaserung sichtbar bleibt und ein lebendiger Glanz erzielt wird. Die fein gearbeiteten Gesichter sprechen den Betrachter durch ihren freundlichen und offenen Ausdruck an, die Haartrachten und -farben variieren. Besonders liebenswert sind auch die Tiere: Ochs und Esel, die Schafe und das Kamel. Die Körper der Figuren sind mit Stoff umwickelte Drahtgestelle, die auf Holzklötzen stehen. Die Kleider wurden in Abstimmung mit der Künstlerin von ihrer Freundin Gertrud Markmann, Horstmar, angefertigt.

Die Krippenfiguren werden links vor dem Chor in einer sorgfältig und liebevoll gestalteten Landschaft mit einem traditionellen Hirtenfeuer und einem Brunnen aufgebaut. Im Hintergrund stehen kleine Fichten. Steine und winzige rote Weihnachtssterne beleben die Moosflächen; durch das gestufte Gelände führt ein heller Sandweg zum Stall. Die Verwendung von kurzen Birkenhölzern für die Stufen und Rindenbrettern für die Stallrückwand und die Begrenzung der Landschaft trägt zum harmonischen Gesamtcharakter der Krippe bei. Während die Fichten, der Unterbau und der Stall durch den Küster und mehrere Helfer aufgebaut werden, gestalten Frauen der Gemeinde die Landschaft und stellen die Figuren auf.

Nachdem 1963 und 1964 zunächst die wichtigsten Krippenfiguren angeschafft worden waren, wurden in den 80er und 90er Jahren ein weiterer Hirt mit zwei Schafen,

Ochs und Esel sowie das Kamel mit dem Kameljungen aus derselben Werkstatt bezogen, zum Teil aus Erlösen eines Adventsbasars der Frauengemeinschaft.

Das Jahr über werden die Figuren sorgfältig eingehüllt in einem Sakristeischrank verwahrt. Der besonderen Wertschätzung der Krippe in ihrer Gemeinde entspricht ihre intensive Einbeziehung in die Liturgie der Weihnachtszeit. In der Christmette bringt der Pastor das Kind zur Krippe, die inzensiert wird. Sowohl im Gottesdienst für die Kleinkinder wie im Familiengottesdienst findet ein Krippenspiel statt; vor dem Dreikönigsfest werden die Sternsinger von der Krippe aus mit ihren Sternen und Sammeldosen in die Gemeinde entsandt.

Die Krippe in St. Ida war die fünfte Krippe, die Gertrud Büscher-Eilert für eine münstersche Kirche oder Kapelle geschaffen hat. Bereits 1953 hatte die Gemeinde St. Josef Kinderhaus eine Krippe dieser Künstlerin erworben, die seit 1988 unter einem jährlich wechselnden Thema von Jugendlichen aufgebaut wird (S. 36). Es folgten Krippen für die Klinikenkirche Maria Heil der Kranken an der Waldeyerstraße (1959), für das Hüfferstift (seit 1983 im Klinikum) und für St. Lukas auf dem Gelände der Westfälischen Klinik Münster (beide Anfang der 60er Jahre). Seit 1964 gibt es auch eine Krippe der Künstlerin im Alexianer-Krankenhaus Amelsbüren.

Gertrud Büscher-Eilert, die 1914 in Legden geboren wurde, hat schon als Kind aus Lehmerde Figuren geformt und dann auch aus Holz geschnitzt und all ihre Freizeit dafür verwandt. Bereits als Vierzehnjährige bat sie ihre Eltern, sie auf eine Bildhauer-schule gehen zu lassen. Nachdem sie ein Jahr Hauswirtschaft gelernt hatte, konnte sie endlich mit 24 Jahren die Werkkunstschule in Münster besuchen, wo sie wie schon Hans Wehrenberg auch bei Professor Guntermann studierte. Es folgte ein Jahr an der Folkwangschule in Essen, bevor sie wieder nach Hause zurückkehren musste, da ihre Brüder in den Krieg eingezogen wurden. Sobald der älteste Bruder zurückkam, fuhr sie per Fahrrad mit ihren Schnitzeisen nach Horstmar-Alst, wo sie sich in einem ge-mieteten Atelier selbstständig machte. 1953 bezog sie ihr Haus mit Werkstatt in Horst-mar; dort schuf sie eine Fülle religiöser und weltlicher Werke. Nicht nur in Münster, sondern auch im Münsterland gibt es an vielen Orten Weihnachtskrippen von ihr. Be-sonders sehenswert ist die figurenreiche Krippe, die sie für St. Gertrudis in Horstmar geschaffen hat und die sie selbst jahrelang mit mehreren wechselnden Bildern aufge-baut hat. Für ihr Lebenswerk wurde die Künstlerin im Jahre 1998 mit dem Kultur-preis des Kreises Steinfurt geehrt. Am zweiten Weihnachtstag 2004 starb Gertrud Bü-scher-Eilert. Leben und Werk der Künstlerin sind umfassend von ihrer Nichte gewür-digt worden (Ursula Schulte-Klöcker: Menschenbilder. Begegnungen mit dem Werk der Bildhauerin Gertrud Büscher-Eilert, Münster 2007).

Worterklärungen

gefasst:
farbig bemalt

kaschierte Gewänder:
Mit Leim- oder Kalkwasser getränkte Stoffe werden über ein Körpergerüst
zu Gewändern drapiert und nach dem Trocknen und Erhärten bemalt.

lasiert:
mit transparenten Farben überzogen, sodass die Maserung und die Farbe
des Holzes noch durchscheinen

polychromiert:
mit deckenden Farben überzogen, die übergangslos aneinanderstoßen

Literatur in Auswahl

DEFINITION UND GESCHICHTE DER WEIHNACHTSKRIPPE

Berliner, Rudolf:
Die Weihnachtskrippe. München 1955.

Bogner, Gerhard:
Das neue Krippenlexikon. Lindenberg, 2003.

Gockerell, Nina und Walter Haberland (Fotos):
Krippen im Bayerischen Nationalmuseum.
München 2005.

Nagy, Sigrid:
Die protestantische Krippenbewegung des 19. und 20. Jahrhunderts.
Jahrbuch für Volkskunde. Im Auftrag der Görres-Gesellschaft. Neue Folge
Bd. 26, 2003, S. 31-66.

CHRISTGEBURTSDARSTELLUNGEN, MOTIVE, WEIHNACHTSKULT

Die Bibel. Altes und Neues Testament.
Einheitsübersetzung. Freiburg, Basel, Wien 1980.

Neubauer, Edith:
Die Magier, die Tiere und der Mantel Mariens.
Über die Bedeutungsgeschichte weihnachtlicher Motive.
Freiburg, Basel, Wien 1995.

Schiller, Gertrud:
Ikonographie der christlichen Kunst. Bd. 1.
Gütersloh 1981.

Steinwede, Dietrich:
Nun soll es werden Frieden auf Erden. Weihnachten.
Geschichte, Glaube und Kultur. Düsseldorf 1999.

WEIHNACHTSKRIPPEN IN WESTFALEN UND IN MÜNSTER

Engelmeier, Paul:
Westfälische Weihnachtskrippen aus dem 18. und 19. Jahrhundert.
In: Volkstumspflege in Deutschland.
Festschrift zum 70. Geburtstag von Joseph Klersch.
Köln 1963, S. 27-36.

Krins, Franz:
Beiträge zur Geschichte der Weihnachtskrippe in Westfalen
bis zur Mitte des 19. Jahrhunderts.
In: Rheinisch-Westfälische Zeitschrift für Volkskunde Bd. 23,
1977, S. 297-301.

Ders.: Neue Beiträge zur Geschichte der Weihnachtskrippe in Westfalen
vom Anfang des 16. bis zur Mitte des 19. Jahrhunderts.
In: Ebd. Bd. 28, 1983, S. 155-164.

Mayr, Gertrud:
Weihnachtskrippen in Münster.
In: Die Weihnachtskrippe 1994. 59. Jahrbuch der Krippenfreunde in
Rheinland und Westfalen.
Telgte, Köln 1994, S. 27-87.

Sauermann, Dietmar:
Von Advent bis Dreikönige. Weihnachten in Westfalen.
Münster, New York 1996.

Stadtdekanat und Stadtkomitee der Katholiken in Münster (Hrsg.):
Weihnachtskrippen in Münsters Kirchen und Klöstern 1974/75.
Fotoalbum mit masch.-schr. Erläuterungen.

Fotonachweis

Alle Fotos sind von Sabine Ahlbrand-Dornseif angefertigt,
ausgenommen folgende Bilder:
Artmann, Heinz-Dieter, Münster: S. 25
Kube, Stephan, Greven: S. 15, 17
Lechtape, Andreas, Münster: S. 14
LWL-Freilichtmuseum Detmold, Westfälisches Museum für Volkskunde,
Foto: Hesterbrink-Pölert: S. 30
Mayr, Gertrud, Münster: S. 4, 22, 31, 41, 43
Schröer, Walter, Münster: S. 36
Stadtmuseum Münster, Foto: Tomasz Samek: S. 72, 74, 76